年収200万円の

私でも心おだやかに毎日暮らせる

お金の貯め方を教えてください！

銀行預金
ゼロの
契約社員

超大人気FP
坂本綾子

SB Creative

はじめに

ある日、若い女性からお金についての相談のメールが来ました。

20代ももう後半。30歳は目の前なのに、貯金がありません。仕事はしていますが、たいしたキャリアもなく、結婚も……当分なさそうです。

お金のことを考えると不安で、このままではいけないと思いながらも、会社に行って、ランチして、たまには飲んだりして、こうしてとりあえず働いていれば毎日が過ぎて行くし、自分なりに節約したり、やりくりしたりして、何とか回してきました。

でも、『やっぱりこのままじゃいけない』『今、変わらないともう間に合わない』と思って、思い切って連絡しました。

私はどうすればいいですか？

あまりに切羽詰まった文面に、相談を引き受けることにしました。

私はファイナンシャルプランナーとして、これまでいろいろな方からのお金の相談を受けてきました。節約の方法から、税金、年金、投資にまつわることなど、幅広くお金の専門的知識を身に着けている、いわば「お金のプロ」です。

私は金融機関には所属していない独立した立場のファイナンシャルプランナーなので、相談の際は相談料をいただいています。そして、わざわざお金を払ってまで相談に来てくださる方は、お金に困っている方ではなく、むしろお金に余裕がある方が多いのです。そういった人が「自分のお金の選択は間違っていないか。もっといい方法はないか」と、さらにお金を増やしていくために、相談料を払ってくださるのです。

そんな中、冒頭の相談をしてきたのは、珍しいタイプの相談者でした。お金に余裕があるとは言えず、しかもこれから貯めていくには、かなりの節約が必要となる彼女にとって、相談料は決して安いものではなかったでしょう。でも、だからこそ「お金のことを考えて不安になってしまう毎日を変えたい」という彼女の強い思いを感じたのです。実際、私がアドバイスしてからは、貯蓄の額をグングン増やしていきました。

また、彼女の相談に私がグッと心を動かされたのには、自分自身の経験があります。

今はお金のプロとして活動している私ですが、実は20代、30代の頃は、お金との付き合い方が上手とはとても言えない生活でした。20代はバブル経済の真っただ中。ノー天気にお金を使いまくり、なかなか貯められない生活。29歳のとき雑誌の取材記者としてお金関連の記事を担当することになったことから、30代はいろいろな金融商品に手を出しました。結果、大損をすることもたくさんありました。

ファイナンシャルプランナーの資格を取ったのは40歳のときです。それから様々な年齢、立場の人のお金の相談を受けるようになってみると、若いときからしっかりと家計管理をすることで得られる安定感、有利さを感じずにはいられません。「もっと早くお金のことを考えておけばよかった……」と、私自身の人生を振り返っても強く思うのです。

もちろん、お金のことも人生も、いくらでも挽回はできます。今この瞬間が、これからの人生のもっとも若いときです。こうして危機感を持ったその日から、1日でも早く、お金を貯めていくための仕組みづくりをしていくに越したことはありません。

この本には、彼女にアドバイスしたことを中心に、お金について試行錯誤をしながら悩み、迷い、不安を感じているあなたに伝えたいことを、まとめました。

目次

CONTENTS

第3章

お金が無くなる原因を見つけよう【仕組みづくり編】

CONTENTS

第5章

これからの年収の増やし方を考えよう【稼ぎ方編】

第 1 章

まずは心を落ち着けよう

【マインド編】

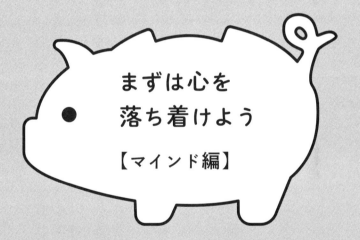

6

お金なさすぎて、もうメンタルやばいです……

1か月生きていけるお金を貯めて、心を落ち着けよう

私、毎月給料日前は切なくなって泣きたくなっちゃうんですよね……。「なんでこんなにお金がないんだろう」って。

カードの請求が来る前もそうです。「そういえば玄関に置いといたあの封筒にお札とか入れてなかったかな」「あの銀行口座にまだ預金残ってるかも、キャッシュカードどこやったっけ」「古い財布の中に小銭があったかもしれない」なんて家の中を探し回ったりして……。気がつくとすっごくみじめな気持ちになってるんです。「はぁ、何やってんのかな、私」って。

人並みに食べて、着て、飲んで、仕事して、フツーに生きてるだけなのに。もちろんたっ

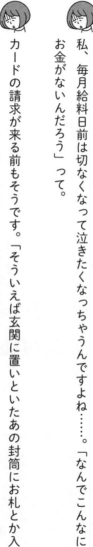

た1円も無駄遣いしてないとは私も言いませんけど……でも、そういう切り詰め方でしかこの世って生きていけないんですか？

それって……地獄じゃないですか！！！

うふふ。まあ、ちょっと落ち着きましょうか。

あっ、すみません……。ついほとばしっちゃって。でも先生、私ホントにそれは聞きたいんです！　どうしてフツーに学校を卒業して、ちゃんと働いてるのに、こんなに追い詰められてる気がするんだろうって。

まずは少しずつお話を聞いていきましょうね。お金がないって、どれくらい？　お給料日前にいくら残っているんですか？

……、ほぼゼロに近いです。

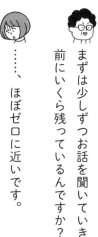

それは、はっきり言って緊急事態ですね。早急に対策が必要ですよ。

（私、緊急事態がもう5年も続いてるんだなあ……）

じゃあ、だまされたと思って、今日から10か月間は何が何でも貯金してみましょうか。

うーん……。まあ確かに、今日は貯金のお話を先生に伺いに来たんですけど……。そう言われて貯金できるくらいなら、もうできてるっていうか……（ゴニョゴニョ）。

でも、いままで貯金をするといっても、漠然とやっていませんでした？「今日はこれをガマンしよう」「今日は安い服を買えたぞ」って。毎日を過ごしているなかで、切り詰められる部分を切り詰めているような感じで。

……言われてみればそうかもしれないですね。

だからずーーーっと不安が続くんです！

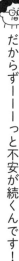

えっ!?　どういうことですか?

「いったいこのガマンをいつまで続ければいいのか」。それがぼやっとしてるから、「もしかして、一生このまま?」なんて不安になるんじゃないんですか?

(ギクッ!)

そう。だから「まず10か月」って決めてみるんです。確実に、計画的に貯めるプランを考える意味合いもありますが、なによりそっちの方が精神衛生上いいんですよ。

はーっ、すっごくよくわかりました。でも先生、なんで10か月なんですか?　長いような短いような……。

毎月の生活費の1割に当たる金額を貯金していくと、10か月で1か月分の生活費が貯まります。収入がゼロになっても1か月は生活できますよね。シンプルでしょ?

あっ、確かにわかりやすいですね！

うーん、でも10か月ですか。やっぱりちょっと長く感じるような気がしてきました。3か月くらいなら誘いを全部断るとかして、ムリヤリ貯金できるかもしれないですけど……。できるかなぁ。

そうやってダラダラしているうちに、10か月はあっという間に過ぎてしまいますよ。10か月後に、1か月分の生活費が銀行口座にちゃんとあるのと、今と同じままで青い顔して給料日を待つのとどっちがいいですか？

そりゃあ口座にお金があった方がいいです。

じゃあ、銀行口座に1か月分貯まるまでは、不要不急の支出はいったんストップしましょう。使わなくてもいいのに、使ったお金がないか、思い出してください。その分を貯金に回します。今月で言えば、何かパッと思いつきますか？

使わなくてもいいのに、使ったお金……。セールで買った洋服代？　１００均の雑貨？　でも私、ちゃんと買う前には必要だなと思って買ってるんですよね。本当に要らないものは、あんまり買ってないような気がするんだけどなあ。

お金の使い方を振り返って、どれを減らすかは、自分でよく考えて。必要な支出と、なくてもすぐには健康とか生活に影響しない支出を分けてみてください。その際の基準は「自分にとって」です。さっき、人並みって言葉を使っていましたけど、周りと同じでなくても、自分に必要なら必要、必要ないなら必要ない。全部とは言いませんが、すぐに必要ないものはしばらくガマンです。

結局、ガマンするんですよね？　今、食べたいもの、着たい服にお金使っちゃダメなんですか？

どうしても欲しいなら、どうぞ。その代わり、他のもので、ガマンできるものをガマンする。収入は限られてるんですから。その中でバランスをとって使うってことです。その配

分は、自分で試行錯誤するしかありません。

やっぱりプロの先生でも、そこにうまい話はないですよね〜。頑張るしかないか……。

6

バリキャリの友達とランチしたら3000円も飛んでいきました

前向きにお金を使えるようになると、人生が楽しくなる

こう考えてみてはどうですか？　貯金ゼロという緊急事態から1日も早く脱出しなければ、将来、もっと欲しいものを泣く泣くあきらめることになりますよ。もちろん、「ブラウスがくたびれてきたな、新しく買わないとだらしなく見られるかな」とか、「今週の飲み会、前々から誘われてたんだよな、断ったら気を悪くされるかな」とか、そういう毎日の悩みもわかります。でも、そうしてまわりからの必要に迫られて罪悪感を覚えたり後悔をしながらお金を払うのはイヤでしょう？

あっ、その話で思い出しました！　久しぶりにランチした高校時代の友達がバリキャリで、おいしいお店があるからって連れていかれて、３０００円も払う羽目に。ランチですよ!?　メニューを開いた時点で高いのがわかったから、お財布の残高が気になっちゃって、味もよく覚えてない……。

それは残念でした。

向こうは私より給料高いし、着てる服だっていいし、３０００円のランチ代も平気なんだなあって。楽しそうに仕事の話をしてたから。

お友達も、久しぶりの再会だから、奮発したんじゃない？　喜んでもらいたいと思って、おいしいお店に連れて行ってくれたんでしょ。

そっかぁ、最近コンビニのお弁当が続いてたから気後れしちゃったかな〜。

例えばおしゃべりの方はどうでした？　情報交換できましたか？

彼女、転職してから仕事がもっと楽しくなったみたいで、その話ばっかり。友達としては、私もすごくそれは良かったなって思うんです！　でもちょっとだけ、さみしさもあって……。せっかく久しぶりに会えたんだから、昔話とかしたかったなっていう気持ちもあるんですよね。

なるほど、その気持ちは私もよくわかりますよ。でも、どうやって転職したかとか、今どんな仕事をしてるかを話してくれたんでしょ？　それならあなたは、３０００円なんて安すぎるくらいに、とても有益な時間として過ごすことができたんですよ。

？

だってそうでしょう。まず、久しぶりに友達に会えた。嬉しい。お互いに近況報告。楽しい。しかも相手はキャリアアップしている。その話を本人から生で聞ける。友達じゃなかったら出さない情報をくれるかもしれない。勤務先の同僚とはできない話ができたかもしれない。食事も、１人なら入りにくいお店に２人だから入れて、インテリアや食材もい

つもよりランクが高かった。この全体にお金を払ったってことでしょう？

あ〜確かに。でもそんなふうには考えられなかったですね……。値段のことばかり気になって。ネットでもおいしいお店として紹介されていたから、ちゃんと味わえなかったのはもったいなかったかも。

そうですよ。おいしいものを食べるのは人生の楽しみのひとつですし、そういうラグジュアリーな、一流のお店で時間を過ごせたという経験にも価値があります。

食べもの、着る服、読んだ本、仕事や旅行で訪れた場所……。そういったことにお金を払うことで得られる「経験」がありますよね。それがあなたという人を形作っていくんです。突き詰めて言えば、あなたが今使っているお金が、そのまま自分の将来の姿を左右するんです。そういう見方をすれば、ランチに３０００円払うことだって、そのままムダに消えてなくなることでもないんですよ。

え〜っと、先生。でもやっぱり貯金するためには、３０００円のランチって行っちゃダメ

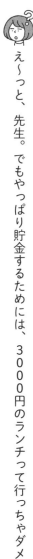

ですよね？　もちろんそれは私の経験にはなるかもしれないけど、それではお金は貯まっていかないから、やっぱり贅沢なことのような気がするんです。

私がぜひ伝えたいのはね、**「お金を使うこと自体が悪いのではない」ということなんですよ。**せっかくお金を使うなら前向きに有意義に使ってってことです。自分の貴重な時間を使って稼いだお金です。必要じゃないものにダラダラと無意識に使うことはやめたい。そうやって節約したお金は大事なことに使いたいですよね？　そもそもお金を貯めるのは、いつか使うためです。どうしても欲しいものや必要なものを手に入れるため、予想外の出来事でお金が必要になったときに備えるため……。お金を持っていなかったら対応できません。**使うときと使わないときのメリハリをしっかりつけられるようになったら、びくびくしないでお金を使えるし、人生が楽しくなります！**

あ〜、確かにそうですよね。今思ったんですけど、私、もうしばらくそういうお金の使い方してなくて。お金を使うことに、いっつも罪悪感があったんです。「あー、ランチ3000円か。高いなあ」とか、「今日こんなに使っちゃったら、あと1週間朝ごはんは抜いちゃおうかな」とか、そういうふっとした感情ばっかり湧いてきて……。でももう、もの

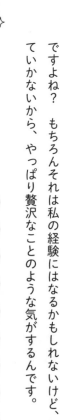

ごとをそう感じてしまうクセが、いつの間にかついちゃってたんだな。はぁ〜あ。

いやいや、あまり深刻に捉えすぎないでください。それは別にあなたの生まれ持った人格や性格がどうこうという話ではないんですから。

でもね、そういうふうに自分を卑下してしまうのって、すっごく私も気持ちがわかりますよ。お金って、自信なんですよね。私もね、社会に出てから何年も、ずっとお金がなくてお金がなくて……。情けなくてね。いまでは「お金のプロ」なんて言われてますけど、じつは私、「自分の幸せのために、ちゃんとお金を使えるようになったな〜」って思えるようになったのは、ほんの最近のことなんですよ。

ええっ、そうだったんですか？

「ファイナンシャルプランナー」なんていうと、ちょっとすごそうに思えますよね？「こういう資格とったら、お仕事になりそうだし、自分のお金も増やせるかな」って思って大半の人は目指すんだろうし、実際に私もそうだったんだけどね。

でも実は全然そんなことないの。まず、ぜんぜん稼げない！　私が最初にマネー雑誌のコラムを1記事書いたときの原稿料、いくらだと思います？

先生、あの、それ以上は言わないほうがよろしいかと……。

これは失礼いたしました。お話が逸れましたね。言いたかったのはね、お金そのものを貯めることとか、お金の知識をつけることも大切なんだけど、本当に重要なのはお金の使い方だってことなのよね。

じつは私のところに相談に来てくださる顧客の方は、ある程度お金を持っている人の方が多いの。投資のこととか、税金のこととか、そういった知識について、わざわざお金を払って専門家に話を聞きに来る人って、むしろお金を持っている人の方が多いんです。それこそ私たちの生活費の何十か月、何百か月分の貯金がある人なんてたくさんいるんだけど、でもそういう人の中には「お金を増やすことばかり考えてきて、いつの間にか使う時間がなくなってしまった」という人もいるんですよ。

ハッ！　お金があってもなくても変わらないってことですか？

そりゃ、あった方がいいのは間違いないわよ？

あっ、そうですよね……。

たとえお金がない人でも、お金持ちの人でも、「お金のことばかり考える」というのは、やっぱり健全じゃないってことね。その状態をいかに脱出するかがポイント。でも、もし**「お金がないからお金のことばかり考えてしまう」ということなら、少しお金を貯めるだけで、スッと視野が広がるということがあるの。**「ああ、私って本当はこういうふうに生きたかったんだ」って気づく瞬間が。

もう私、今の状況にホントに嫌気がさしてるんです。もっと安心して、心から楽しいことにお金を使いたい。笑って、何も考えずに、仲のいい人と食事しておだやかに話したい！

それならやっぱり、10か月は何が何でも貯金しましょうか。

なんだかやる気が湧いてきました。変えてやるぞ！　自分を！

1か月分が貯まったら、まずは緊急事態はとりあえず回避できたということで、銀行口座の残高を見ながら自分をほめてあげてください。給料日前に、すでにお給料分の残高が口座にあるんですよ？　そこにお給料が入ったら、さらに残高が倍になるんです！

そう言われるとすっごくいいですね。ホントにできたら、私、ニヤニヤしそう。少しホッとしますよね。はーっ、やってやろう。

第2章

いくら貯めたらいいのか知ろう

【貯め方編】

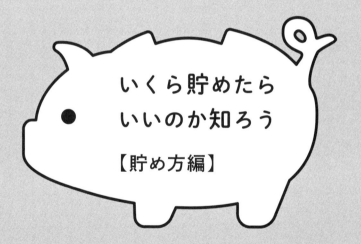

手取り17万円でも100万円って貯められますか?

最初は現実的に「生活費の3か月分」を目指そう

はい。いよいよここからがスタートです。

えっ?「1か月分貯めてからがスタート」ってことですか? あはは、やっぱりそうですよね。たった10か月で人生がバラ色になるはずないですもんね……。

これで1か月はなんとかなります。ホッとした後は気を引き締めて、生活費3か月分の貯金を目指します。

ええっ!? 次は3か月分? すでに1か月分はあるから……、あと2か月分ですよね。今までのペースだと、さらに20か月!? さっき「10か月だけ耐えればいい」って言ったじゃ

ないですか!!

はい、言いました。でもそれは、「まだ貯金を始める前の、今のあなた」にです。もし10か月後のあなたにそれを伝えたら、きっと違う捉え方をすると思います。まずは10か月頑張って、1か月分の生活費を貯めることができれば、お金を貯めるモチベーションは今よりもかなり上がっていると思いますよ。一度貯めたお金はなるべく崩したくない、もっと貯めたいと思うのも人間の心理ですから。

確かに……そうかもしれませんね。

1か月分が貯まったら、3か月分もきっと貯められます。**なにより、3か月分の生活費があれば、もうたいがいのことは乗り越えられるはずです。安心感が段違いなんですよ。**収入がゼロになっても3か月は暮らせます。

1か月なんてあっという間に過ぎちゃいますもんね。3か月あったら、今の仕事を急にやめることになっても新しい職場とかも落ち着いて探せるかもしれないし。

世の中も人生も、何が起こるかわかりません。だから、イザというときに備えておくことが大事なんです。といっても、いきなり仕事を失くすことは、確率で言えば低いですね。つまり、これまで通り仕事を続けていて、毎月給料が入ってきて、銀行口座には3か月分の生活費に相当する残高がある、そういう状況になるってことです。

生活費3か月分の貯金かぁ。私にできるかなぁ……。途中で気がゆるんで使いたくなっちゃいそう。

そう。だからこそ、そのときさっき私が言ったことをもう一度思い出してみてください。期限を決める、目標を決める。それこそが精神衛生上、一番いいんです。逆に言えば、それをあいまいにしたまま、入ってきたお金を使い切って、いつもギリギリでお金がない状態が続いて、それが当たり前になっている。そういう状態が一番怖いんです。もとに戻ってしまわないよう、生活費3か月分の貯金をすると自分にしっかり言い聞かせてください。

わかりました。不安、不安と思いながら、行動はできていなかったかも！

3か月分のお金があれば、何もかもうまくいくわけではないし、人生、お金さえあればいいってものではありませんよね。でも、3か月分の貯金は、心を落ち着けるよりどころになるし、実際にお金が必要な場面に遭遇したときは、助けになってくれます。

一応、節約してるつもりなんだけど、お金が残りません

貯金の原則は先取りです

それでは実際に、まずあなたがこれから、いくらを、いつまでに貯めていくのか。その目標を設定していきましょうか。今、毎月のお給料の手取りはどれくらい？

いろいろ引かれて月17万円です。なんでこんなに引かれちゃうんでしょう……。それとボーナスはほとんどなしです。

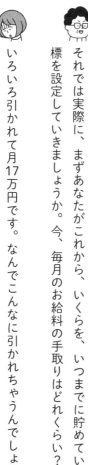

お給料からいろいろ引かれているのは何なのかという話はあとでするとして。では、最初の目標は50万円にしましょうね。これは今、3か月分の生活費として計算しました。あなたが手取り17万円でほとんど貯金ができていないということは、生活費も月17万円くらいですね。17万円の3か月分は、17万円×3か月＝51万円。1万円おまけして50万円。これでわかりやすいですね！

よし！　じゃあ明日から、もっと真剣に節約しなくちゃですね！　頑張るぞー！

いいえ、そう張り切るとむしろ失敗しやすいんです。それだと、もって1か月しか貯金は続かないと思いますよ？

ギクッ！　それはどうしてですか？

逆に質問しますね。あなたは貯金をする、というのは、「給料が振り込まれたあと、頑張って日々節約した結果、最後に残っているのが貯金」というイメージを持っていませんか？

そうですけど……、それって変ですか？　なんだかフツーに当たり前のことのような気がしますが……。

いえ、貯金を成功させるには順序を逆にする必要があるんです。つまり、**「給料が振り込まれたら、まっさきに貯金をして、残った分から日々の生活費を出していく」**ということが重要なんです。

なるほど～、貯金する分を先に取り分けておくってことですか。もちろんおっしゃる意味はわかります。そう考えたことも、なくはないですよ！

でも、結局は節約することには変わらないじゃないですか。最初にそれをするのと、最後に同じ金額を残しておくようにするのとでは、そんなに違うんですか？

例えば、月の初め、最初の1週間を張り切って、すっごく頑張って、いろいろなものを切り詰めたとしましょう。さっき、あなたはそういう勢いでしたね？

はい、張り切ってます！

そうやって急に生活を変えると、どうしてもストレスがかかりますよね。ガマンするタイミングがぐっと増えますから。2週目には疲れてきます。そこで通りがかった駅ナカのショップで洋服のバーゲンをしていることに気づいたとしたら。「今買えば節約になる！だってどうせのちのち買おうと思ってた服だもんね！」と都合のいい理由を勝手にアタマがつくり出して、冷静に考えれば今すぐには必要のないような買い物をしてしまう。

ウッ、ありえそう……。

そして、買ったあとにお金を計算してみると、最初に貯めようと思っていた目標が現実味のない数字になってしまっている。そこで「まあ、来月からでもいいか……」と先延ばしして、いつの間にか元通りのカツカツの生活に戻っていく……。

というか私、いつもそんな感じだったかもしれません……。

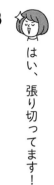

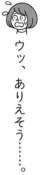

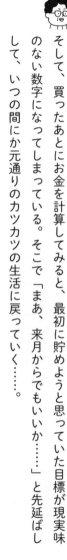

人間は欲に弱いんです。でもこれはいけないことじゃなくて、そもそも人間はそうできてるんです。特に疲れてきたり、ストレスがかかったりすると、そういう原始的な欲に自分では気づかないまま動かされてしまいます。そうなってしまってはどんなに理性で抵抗してもダメなんですよ。なんなら理性まで援護射撃をする状態になりますから。経験ありますよね？　例えばこれは、ダイエットでも一緒だと思うんですけどね。

わかります。寝不足が続いたりすると、甘いものを無性に食べたくなりますよねぇ。「今週はいつもより長く動いているから、その分食べちゃってもいいよね」なんて。そんな理屈が間違ってるのは、本当は自分でも薄々わかってるのに！

そう。だから**「自分は欲に負ける前提」で計画を考えることが、成功の秘訣なんです。**自分をいい意味で信じない。「あとできっと私が頑張って貯めていてくれるはずだ」と期待しないということです。実際、あとで節約できず、自分自身の期待を裏切ったときに、「私は節約できなかった」と自己嫌悪に陥って、それが繰り返されるとさらには「私には節約は向いていないんだ、できないんだ」と思い込んでしまうことになります。

本当にそのとおりですね！

だから、給料が振り込まれた瞬間に、貯めようと思っている金額を貯めてしまった方がいいんですよ。着実で、貯金そのものが成功しやすいのに加えて、変に自己嫌悪してしまうのを防げるんです。

そっか～。じゃあ給料が振り込まれたら、まず貯める分を取っておこうと思います！

めんどくさがりの私でも、簡単に貯まっちゃう方法ありませんか？

6 積立定期預金を申し込もう

でも毎月お金を取っておくのって、忙しいと忘れちゃいそうですよね。いい方法ってあるんですか？

まずは給与を振り込んでもらっている銀行で、定期預金の積立を申し込んでください。**自動積立定期預金**とも呼ばれ、毎月、自動的に普通預金の残高から定期預金を作ってくれる仕組みです。金額の目安は手取り給与の1割。あなたの場合は、手取り17万円だから毎月1万7000円になりますね。

確か給料3か月分の貯金は、給料の1割を積立てていくと、30か月で貯まるってお話でしたよね？

そうそう。スマホに電卓アプリ入ってるでしょ。試しに自分で計算してみて？

50万円÷1万7000円＝29・4111……。やっぱり30か月くらいですか。

はい。30か月ということは2年6か月です。

2年半かあ。けっこう時間かかりますね～。

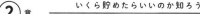

そうです。だから1日も早く始めなくてはいけませんし、1回貯めたものを取り崩していては、さらに時間がかかってしまいます。だから貯金生活を早く終わらせるためにも、貯めたものは取り崩さない。これが鉄則です。そのための**積立定期預金**なんです。

あの〜、大変恥ずかしながら、じつは定期預金って使ったことなくて。私の母は確か使っていたので、言葉自体は何回も耳にしたことはあるんですけど……。普通預金と何が違うんでしたっけ？

定期預金というのは、あなたが一回お金を預けたら、それを一定期間は引き出せない仕組みの預金方法ですね。

自由に引き出せないってことですか。それって不便じゃないですか？

そのかわりに、**「一定期間引き出せない」という不便さを逆手に取って、自分が計画的に貯金できるような仕組みとして活用するんです。**例えば貯金箱には、フタをあければすぐに貯めた中身が出てくるものと、貯金箱自体を割らないと中身を取り出せないものとがありますよね？　どちらかといえば、後者の割らないといけない貯金箱の方が貯まる気がしませんか？　定期預金というのは、ざっくりいえば、それに近い存在です。

なるほど〜。そういうことなら不便じゃなくて、むしろ「貯金に便利」と言った方がいいかもしれませんね！

普通預金にお金を全部置きっぱなしにしないで、毎月、定期預金に積立ててしまう。定期預金にすることで、生活費として使う普通預金のお金と、線引きをするのが重要なんです。

そういえばさっき、自動積立定期預金、っておっしゃってましたよね。自動積立ってどういうことですか？

自動積立定期預金というのは、一度申し込めば、あとは自分で何もしなくても、毎月毎月、定期預金に決められた金額を自動で積立てて貯まっていくサービスです。

いちいち自分で毎月ATMで振り替えしたりする必要がないってことですね！

はい。だから使わないなんてもったいないですよね。ただし、残高が足りないと積立ができませんから、タイミングは給与振り込み日の直後に設定してください。これがコツ。そうすれば、貯金の分は先に積立に回るので、残ったお金でやりくりするしかない。節約の出番はここからです。

ちなみに、私は普段はおおざっぱ人間なんですけど、1万7000円という半端な金額がどうも気になって……。いっそ毎月2万円頑張ってしまおうかと。2万円なら50万円÷2万円＝25か月。2年1か月だから、5か月も早く50万円貯まりますよね！

そうやって自分で計算するのは、やる気が出てきた証明だから大歓迎ですけど、無理すると続きませんよ。ダイエットのリバウンドってありますよね。お金が足りなくなって、せっかく積立てたお金を取り崩してしまう、これが貯金リバウンドです。貯めては使って、貯めては使って、これでは結局いつまでたっても残高が増えません。

さっきも言いましたが、貯めたお金は取り崩さない。そのためには、無理をせず、あせらず、続けることが肝心です。**まずは手取りの1割で始めて、慣れてきて大丈夫なら、積立**

金額を増やしてください。自動積立定期預金は、一度、申し込めば、途中で金額の変更ができます。毎月、自動的に一定額が貯金に回る、この仕組みを作ってしまうことが大事です。

わかりました。でも……、2年半は長いなあ。そのころには結婚してたりして、そしたら自分で貯金しなくていいかも……。

それは考えが甘いです！　結婚したら、なおさら貯金しなきゃ。子どもが生まれたり、家を買いたくなったりするはずだし。それに、結婚してもしなくても、自分名義のお金を増やしていくことは大事です。

図1　基本形

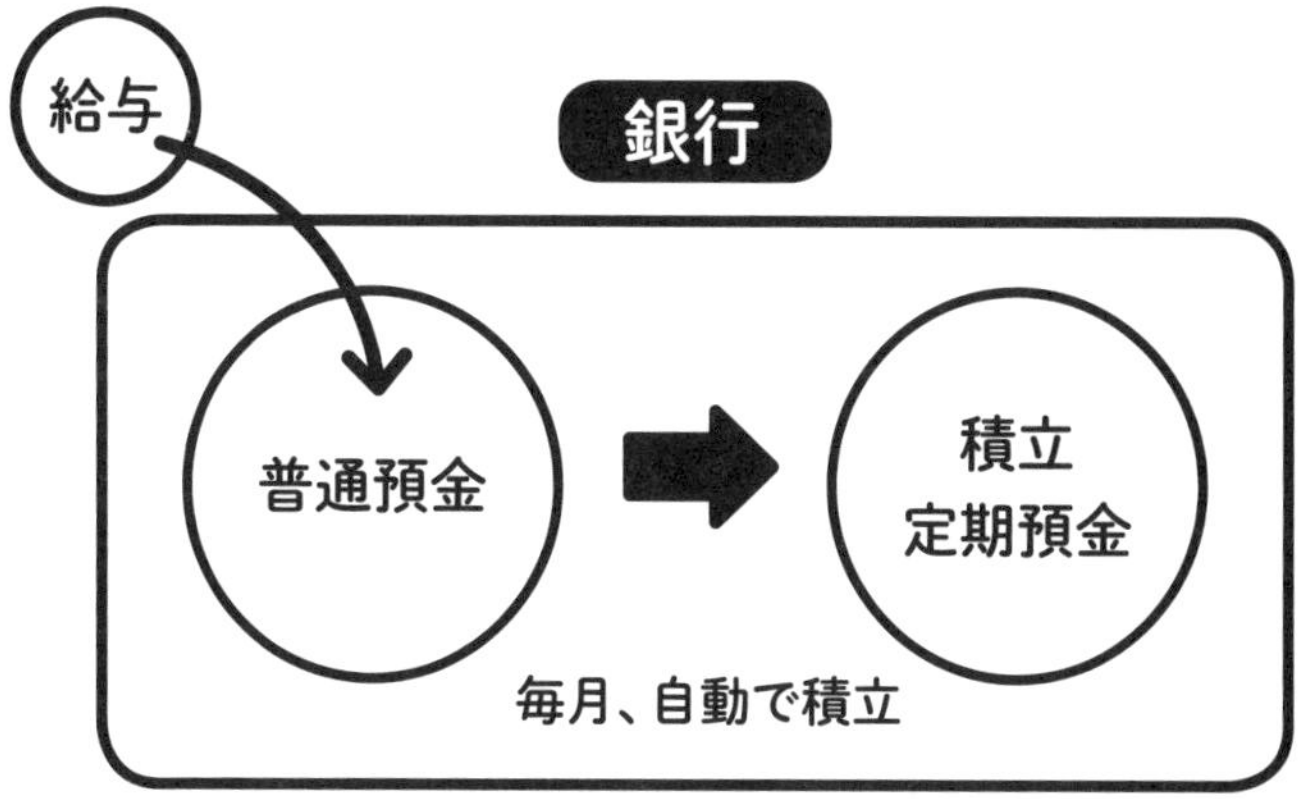

自分名義のお金を増やす！　そうか、覚悟、決めました。

とにかくまず1年間続けて！　1年後には、1万7000円×12か月で20万4000円になります。残高をしっかり見て、「自分が20万円貯めた！」ことを実感してください。せっかく貯めた20万円を、そう簡単には取り崩したくなくなるはず。このハードルを乗り越えられたら、その後はきっとラクになりますよ。次のハードルは2年後の40万8000円。ここまできたら、あと半年。最初のゴールはもう目の前です。

かいせつ

銀行の基本

- 銀行の普通預金って？……1円単位でいつでも預けたり、引き出したりできる。給与の受け取り、クレジットカードや携帯電話料金などの引き落とし、残高から振り込みもできる。
- 銀行の定期預金って？……1か月、6か月、1年など期間を決めて預け入れる。普通預金よりも金利が高い。生活費とは分けて、貯めたいお金を預けるのに向いている。
- 銀行の自動積立定期預金って？……毎月決まった日に決まった金額を定期預金に預け入れる。ほとんどの銀行で取り扱う。積立日と金額を決めて申し込む。

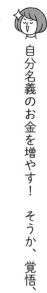

銀行ってどこも一緒ですか？　お得な銀行ありますか？

金利が高いネット銀行を活用しよう

ところで銀行に預けても、お金はちっとも増えませんよね。私の場合は預けているうちに入らないのかな……。給料日前には残高ゼロに近くなることが多いから。でも、もし2年半かけて定期預金に50万円貯めたら、少しは増えますか？

銀行にお金を預けると、利子がついて、その分お金が増えますが、今は**金利**が低いから、残念ながらあまり期待できません。金利は、預けたお金（元本と言います）が1年間でどれくらい増えるかを表します。例えば定期預金の金利が1％なら、1年後には1％増えます。増えた1％分を利子（または利息）といいます。金利3％なら、1年後には3％増えます。当然だけど、金利は高い方がつく利子も多くなりお金が増えます。

日本ではもう20年以上、預金の金利は1％未満の超低金利が続いています。世の中全体の金利が低いのが原因です。また、お金の預け先にはいろいろあって、その中で銀行預金は一番安全で、その代わり他よりも金利が低いのです。どうせなら、金利が高い預け先を選びたいですね。だけど、生活費の3か月分を貯めるまでは、利子をつけることよりも、確実に貯金することを優先しましょう。

預金の金利は誰が決めるんですか？

それぞれの銀行が自由に決めます。といっても、あまり差はありません。世の中の状況を無視して、自分のところだけ高い金利を付けても銀行の経営がうまくいかなくなるからです。同じ種類の銀行は、だいたい同じ金利です。

同じ種類？　銀行にも種類があるんですか？

ありますよ。都市部を中心に全国展開する**都市銀行**、地方に本店があり地域密着型の**地方銀行**、郵便局から民営化された**ゆうちょ銀行**。本人に代わって財産を管理・運営する信託業務を行う信託銀行。厳密には銀行ではないけれど、銀行と同じように使えるのが信用金

庫や信用組合。また、新しい銀行として、店舗がなくインターネットで取引する**ネット銀行**、コンビニやスーパーなどにＡＴＭや店舗を展開する**流通系の銀行**もあります。新しい銀行では、店舗の経費などを減らすことで、預金の金利を他の銀行よりも高くしているところがあります。

へー、金利が高いなら使ってみたいです！

そうですね。頑張って50万円貯めたら、50万円をネット銀行に移して定期預金にしてもいいですね。ネット銀行の中には自動積立定期預金を取り扱うところもあるので、そもそもの積立をネット銀行でする方法もあります。

私、少しでも増やしたいのでネット銀行で積立したいです。

現在の金利から確認しましょう。２０２１年１月10日現在の金利の水準は次の通りです。都市銀行の１年定期の金利０・００２％、ネット銀行の１年定期の金利０・０２％。どちらも１％未満なのがさみしいけど、ネット銀行は10倍です。

最初の目標は生活費の3か月分で、積立の期間は2年6か月。100万円を貯めるには、毎月の積立が1万7000円の場合、5年かかります。それぞれ、利子がいくらつくか計算してみました。

毎月1万7000円を2年6か月積立てた場合、積立てたお金（元本）51万円につく利子

金利0・002%の都市銀行……0円
金利0・02%のネット銀行……116円（税金は考慮せず）

毎月1万7000円を5年間積立てた場合、積立てたお金（元本）102万円につく利子

金利0・002%の都市銀行……25円（税金は考慮せず）
金利0・02%のネット銀行……489円（税金は考慮せず）

えっ、利子が0円ってありですか？　悲しー。あれっ、ネット銀行の金利は10倍だけど、利子は10倍以上になってません？

通常、預金の利子は1円未満は切り捨てなんです。あまりにも金利が低くて、残高も少ないと、利子が1円にならず、そのため利子が付きません。また、利子の付き方には単利と複利があり、複利はついた利子を元本に組み入れるので、利子にも利子がついて、お金がより増えます。定期預金の積立はほとんどの銀行で複利です。**預金は、金利が高いほど、残高が多いほど、預けている期間が長いほど、そして同じ金利なら単利よりも複利の方が利子がたくさんついて増える**と覚えてください。また、この計算結果は、金利がずっと変わらない前提です。積立定期預金では、毎月の積立時点の金利が適用されます。積立を始めた後に預金金利が変動したら、積立ごとに金利が違ってくるので、最終的に受け取る利子も異なります。

金利って、お金を増やしたいときには大事ですね。

それから、積立の期間は2種類あります。5年間などの期間を決めて積立てるタイプ、や

めることを申し出ない限りずっと続いていくタイプ。銀行によっては「まとめ機能」といって、積立てた分を1年ごとに1本の定期預金にまとめて預かる仕組みもあります。始める前に、自分が使っている銀行の積立定期預金がどのタイプかを確認してください。

わかりました！

ちなみに税金の話がまだでした。実際には預金の利子には約20％の税金がかかるので、自分のものになるのは利子の約8割。税金の仕組みと節税については5章で説明しますね。

ちょっぴりの利子からも税金を引かれるなんて……。

ではネット銀行を使う場合のコツを紹介しましょう。勤務先が給与の振り込みをネット銀行にしてくれるなら助かりますが、そうでない場合は、**給与振り込みの銀行からネット銀行にどうやってお金を動かすかが問題です。毎月振込手数料やATM手数料を払っていたら、つく利子よりも高くなって、増えるどころかマイナスです。**

じゃあ、どうすればいいですか？

まずATMの場合、都市銀行や地方銀行では、預金残高が一定額以上などの条件を満たすとコンビニATMの手数料が無料になるところが多いんです。一方、ネット銀行は自行ATMを持っていないのでコンビニATMを一定回数まで無料で使えるようにしています。無料で使えるコンビニATMが同じなら、そのコンビニATMで引き出して入金すれば手数料はかかりません。

ただし、これからどんどんキャッシュレス化が進んでいきます。できれば振り込みの方が楽ですね。ということで次は振り込みの場合です。ネットバンキングについては後で説明しますが、ネットバンキングを使ったネット振込なら、窓口やATMまで行かなくても自宅のパソコンやスマートフォンでできるので簡単です。その上、預金残高が多いなど、その銀行との付き合いが深いと、ネット振込の手数料が無料になる都市銀行や地方銀行もあります。

私、残高が少なすぎて、その方法は無理だと思います……。

今はそうですね。ただ、銀行は、口座を持つ人全員に同じサービスをしているわけではなく、お付き合いの深さによってサービスが違ってくることを覚えておいてください。残高が多いと優遇されることも増えてきます。また、以前は横並びでしたが、金利もサービスも銀行ごとに違ってきています。この違いは、今後ますます広がっていくでしょう。これからお金を貯めていくのだから、自分が使っている銀行にどんなサービスがあるかを確認しておくことは大事です。

銀行をそういう目では見ていませんでした。

コンビニやスーパー、服を買うお店は、近くて便利だからそこで買うこともありますが、選んで使っていますよね。銀行も選びましょう。
給与振り込みの銀行で、振込手数料を無料にできないなら、受け取る側のネット銀行で無料にしてもらう方法があります。**ネット銀行の中には、「入金サービス」などの名称で、毎月決まった日に決まった金額をほかの銀行から手数料無料で入金できるサービスを行っているところもあります。**これを申し込んでください。

図2　ネット銀行を使う

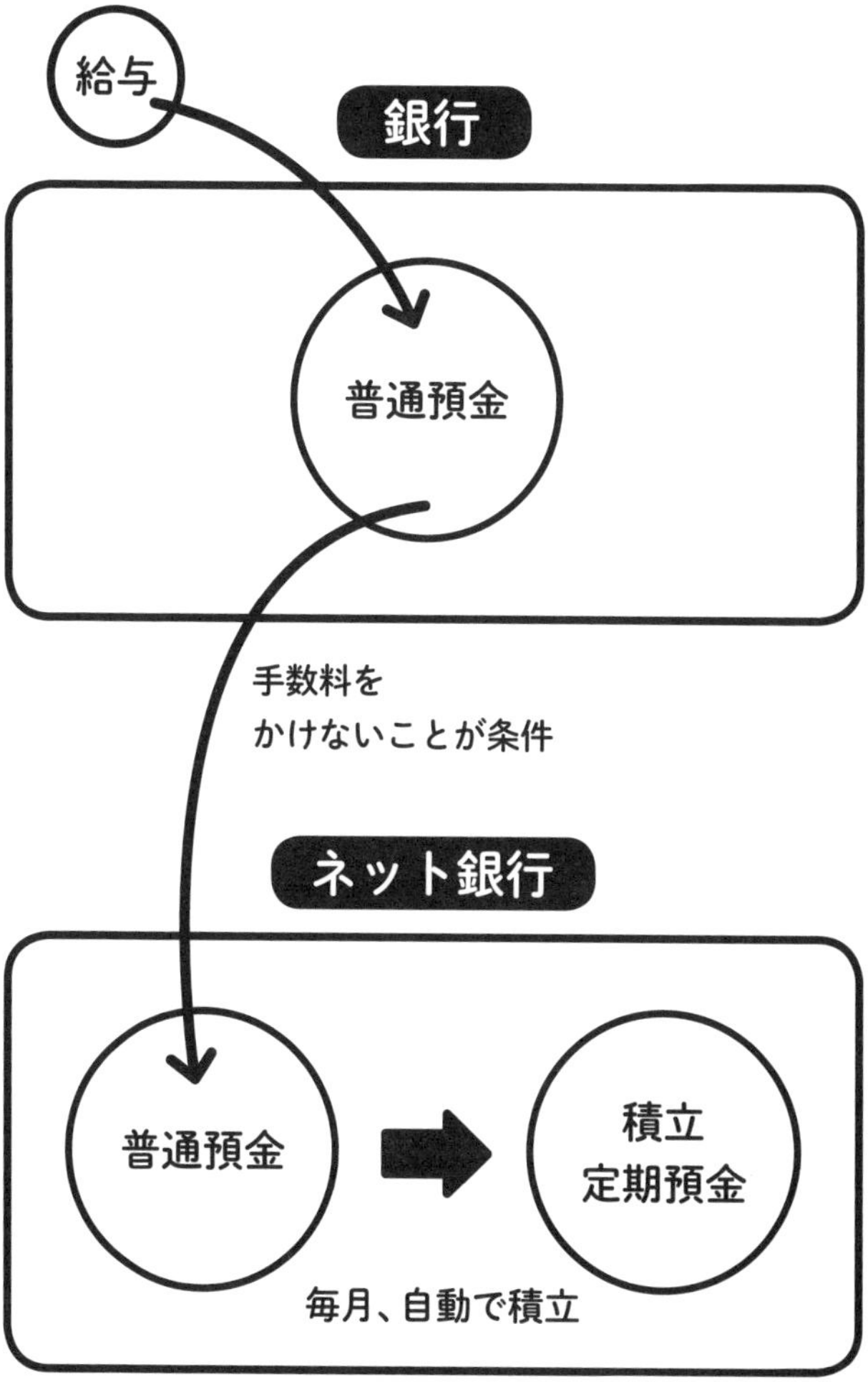
給与
銀行
普通預金
手数料を
かけないことが条件
ネット銀行
普通預金
積立
定期預金
毎月、自動で積立

なるほど！　それは助かりますね。

一度申し込めば、毎月自動的にネット銀行に入金されます。入金されたお金でネット銀行の積立定期預金を、これも自動的にできるよう申し込んでおくのです。ネット銀行は何行かあるので、サイトで確認してください。

かいせつ

銀行の種類と特徴

- **都市銀行**……都市部を中心に全国に支店を持つ大手銀行。みずほ銀行、三井住友銀行、三菱ＵＦＪ銀行、りそな銀行の４つ。
- **地方銀行**……県庁所在地などに本店をおき、周辺に支店がある、その地域を代表する銀行。北海道銀行、岩手銀行、千葉銀行、横浜銀行、静岡銀行、京都銀行、広島銀行、福岡銀行など。
- **信託銀行**……通常の銀行業務に加え、本人に代わって財産を管理・運営する信託業務を行う。遺産を相続人にスムーズに引き継ぐための「遺言代用信託」などのサービスを提供する。三井住友信託銀行、三菱ＵＦＪ信託銀行、みずほ信託銀行、りそな銀行など。銀行名に信託の文字が入っていなくても、信託業務を扱う銀行もある。

● **ネット銀行**……原則、店舗を持たず、インターネットで取引を行う銀行。通帳は発行されず、取引明細などもネット上で見る。自行ATMも持っていないので、現金の入出金はコンビニATMなどの提携ATMを使う。ジャパンネット銀行、楽天銀行、ソニー銀行、住信SBIネット銀行、じぶん銀行など。

● **流通系の銀行**……流通企業が銀行業務に参入して設立した銀行。セブン銀行（セブン－イレブンにATM設置）、イオン銀行（ミニストップやイオンにATM設置）、ローソン銀行（ローソンにATM設置）。

● **信用金庫・信用組合**……利用者を限定し、互いに助け合うことを目的とした非営利の金融機関。銀行に比べて営業地域が狭く、地域に密着している。城南信用金庫、さわやか信用金庫、第一勧業信用組合、大同信用組合など。

かいせつ 銀行預金と金利の仕組み

金利……1年間で、預けたお金（元本）がどれくらいの割合で増えるかを表す。金利1%なら、預けたお金の1%分増える。増えたお金を利子（または利息）という。

単利……増えたお金＝利子は、その都度、受け取る。

複利……増えたお金（＝利子）を、その都度受け取らずに、預けたお金（元本）に加える。その後は、合計額（元本＋利子）に金利をかけて次の1年間の利子を計算する。1年複利なら、1年ごとに、ついた利子を元本に加えていく。利子にも利子がつくことになり、同じ金利なら、単利より複利の方がお金が増える。

もっと早く50万円を貯める方法はありませんか？

手取り収入が増えたら、積立額を増やしましょう

なんだかやる気が出てきました。もっと早く50万円を貯められないでしょうか？

その調子！　お金が貯まってくると心に余裕が生まれるし、貯める意欲もより高まります。良い循環が始まるんです。5年のうちには、お給料が上がる可能性もありますよね。お給料が上がったら、その都度、積立額を増やしてください。手取りの1割が目安といいました。当然ですが、手取りが増えれば、その1割も増えます。例えば月17万円だった手取り

が月18万円になったら、積立額も1万7000円から1万8000円に増やします。

たしかに積立額を増やせば、貯まるスピードも速くなりますね。どうかな、お給料が上がればいいけど。忙しくて残業がある月に手取りが増えることはあります。でも、一時的なものだから。

自動積立定期預金は便利な仕組みになっていて、ほとんどの銀行で随時入金ができます。**随時入金というのは、いつでも好きな時に追加の積立ができる仕組みです。**これを使って積立てちゃいましょう。以前、家計相談にいらした人の例ですが、毎月自由に使えるお小遣いを、金額ではなく手取りとの比率で決めていました。たしか手取りの2割だったかな？　営業職で、毎月の収入が仕事の成果によってかなり変動するそうです。仕事を頑張るとお小遣いも増えるのがモチベーションになると言っていました。

その気持ちわかります。私の場合、残業で手取りが増えると、頑張った自分へのご褒美と思って、ちょっとだけ高級なケーキを買ったりしてます。

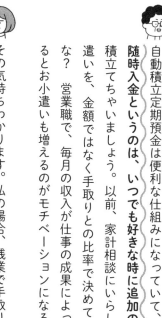

働いた自分へのご褒美は欲しいですよね。でも、全部使うのではなく、半分でいいから随時入金で定期預金に積立ててみてください。その分、50万円が近くなりますよ。給料が増えなくても、お金の使い方を見直すことで（3章を参照）、無駄を減らして積立額を増やす方法もありますよ。もちろん、給料が増えて節約もうまくいけば、効果は倍増なので、収入を増やすことにもチャレンジしてくださいね。

頑張ってみます！

ボーナスがあってボーナスからも貯めたいなら、積立定期預金はボーナス月の積立額の増額もできます。一度設定しておけば、とても便利に使えるんです。積立定期預金を申し込むことは、お金を貯めるインフラを整備するようなもの。そして、もうひとつのインフラがネットバンキングです。

ネットバンキングって何ですか？

さっきネット銀行は金利が高いという話で、ネット銀行にお金を動かして積立てる方法を教えてもらいました。ネットバンキングは、また別ですか？

ネットで銀行取引すれば、ネット銀行以外でも使えて、手数料がお得

インターネットバンキング、略してネットバンキングはインターネットで銀行取引をすることです。**都市銀行や地方銀行でも、ネットで取引をするためのパスワードなどを設定して使うことができます。**店舗やATMと並行して使えるわけです。これに対して、ネット銀行は、そもそも店舗がないので、取引はネットバンキングで行います。

給与を振り込んでもらう銀行でも、ネットバンキングができるようにしておくと、自動積立定期預金への随時入金や積立額の変更もネットで簡単にできますし、他にも、振り込みの手数料が窓口やATMより安いなどお得です。

毎月家賃の振り込みがあって、振込手数料がけっこうかかってるのが悩みなんですよね。それが安くなるなら嬉しいな〜。

使っている銀行と振込先の銀行、振込金額や振込方法で、振込手数料は違います。どの銀行でも、窓口振込、ＡＴＭでの現金振込、ＡＴＭでのキャッシュカード振込、ネット振込の順に安くなる傾向があります。さっき言った通り、一定額以上の残高があると、ネット振込の手数料が毎月一定の回数、無料になる銀行も。それに、ネット振込なら、窓口やＡＴＭまで足を運ばなくても、24時間いつでも、自宅のパソコンやスマホからできるので、時間の節約にもなります。

買い物はネットをよく使いますが、銀行取引はまだやっていませんでした。何となく怖くて……。

もちろん、気を付けなくてはいけません。不正な取引により口座のお金を盗まれたという被害がときどき報道されますよね。ネットバンキングのログイン時のパスワードは絶対に

誰にも教えないこと、使うときは、必ず銀行の公式アプリや、ブックマークした公式サイトからログインすること。メールやスマホのショートメッセージに記載されたリンクからは絶対にアクセスしないこと。巧妙に作られた偽のサイトに誘導されてしまうリスクがあります。

そういう話を聞くと、ネットバンキングを敬遠したくなってしまいます。

安全に使いこなせるなら、とても便利ですよ。それに、これからはネットバンキングができないと、取り残されてしまうかも……。

えー？

買い物をはじめ、いろいろな取引のオンライン化が進んでいますよね。銀行もこの流れに逆らうことはできません。ネットを使える人の方が優遇されるというか、ネットを使えるのは当たり前、使えないと不利で不便になる時代が始まっています。銀行と言えばすぐに思い浮かぶのが通帳です。ところが通帳を発行してもらうには手数料を払わなければなら

ない銀行が出てきています。通帳を発行するにはけっこうお金がかかるからです。ネット銀行ではもともと通帳が発行されません。

実は、面倒で通帳の記帳をさぼってしまうことがよくあります。そうすると、残高がわからなくなって……。

ネットバンキングならいつでもパソコンやスマホで、残高や入出金の明細を確認できます。最近は、各銀行がネットバンキング用に提供するスマホの公式アプリが増えて、とても使いやすくなっています。

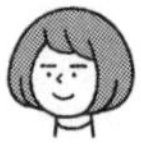

スマホのアプリならできそう。スマホで残高などが確認できるのは便利ですね。

貯めたお金をもっと増やす方法はありませんか？

積立を投資信託ですれば増える可能性があります

ネット銀行は、銀行の中では金利が高いけど、今は1％未満ですよね。もっとお金を増やす方法はないのでしょうか？

ネットバンキングが使えるようになって、生活費の3か月分を貯める最初の目標を達成したら、実行したいのが積立先の見直しです。ふたつの方法を紹介します。

ひとつ目は、**今使っている給与振り込みの銀行で定期預金以外の商品に積立てること。ふたつ目は、別の金融機関に口座を開いて、給与振り込み銀行の口座引き落としで別の金融商品に積み立てること。**

？？？

ではまず、ひとつ目から。

● 今使っている給与振り込みの銀行で、定期預金以外の商品に積立てる。

銀行で使える金融商品は、預金だけではありません。預金以外に何があるか知っていますか？

えー？　わからない。口座を作って以来、窓口にはほとんど行ったことがなくて。給料が入ったら、ＡＴＭで下ろすくらいだから……。

銀行は、金融商品の小売店みたいな位置づけになってきています。普通預金や定期預金などの預金は、いわば銀行の自社商品。預金以外にも、保険会社から仕入れた保険を売ったり、投資信託運用会社から仕入れた投資信託を売ったりしています。

そうなんだ。

自動積立定期預金と並んで、毎月の積立に使えるのが**投資信託**です。投資信託がどんなものかは、5章「稼ぎ方編」で説明します。ここでは、毎月1万7000円の積立の一部を投資信託に変更することを提案します。

全部ではなくて一部ですか？

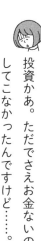

はい。**例えば1万7000円のうち1万2000円はこれまでどおり自動積立定期預金で、残りの5000円を投資信託で積立てます。**投資信託という名前からもわかる通り投資の一種です。定期預金よりも増える可能性があります。ただし、値下がりして損をするかもしれないリスクもあるので、一部にしておくということです。

投資かあ。ただでさえお金ないのに損したらもっと怖いなって思って、あんまり調べたりしてこなかったんですけど……。なにより難しそうですし。

安全確実だけどあまり増えない預金と、増えるかもしれないけど不確実な投資信託を組み

合わせて積立てるということです。
積立てた合計額は5年後にこうなります。

前半の２年半　定期預金だけ　１万７０００円×30か月＝51万円
後半の２年半　定期預金　１万２０００円×30か月＝36万円
　　　　　　　投資信託　５０００円×30か月＝15万円

５年間の合計　定期預金87万円＋投資信託15万円＝１０２万円

定期預金の部分にどれくらいの利子が付くかは、これから5年間の金利によります。投資信託の評価額がどれくらいになるかは、経済の動向、具体的には株価や為替次第です。不安なら、投資信託はもう少し減らして月３０００円でもいいですよ。自分が納得できる金額でかまいません。

私にできるかなあ。でも、積立の申し込みさえしてしまえば、あとは自分で何もしなくてもどんどん積立てられていくってことですね。

図3　投資信託を使う

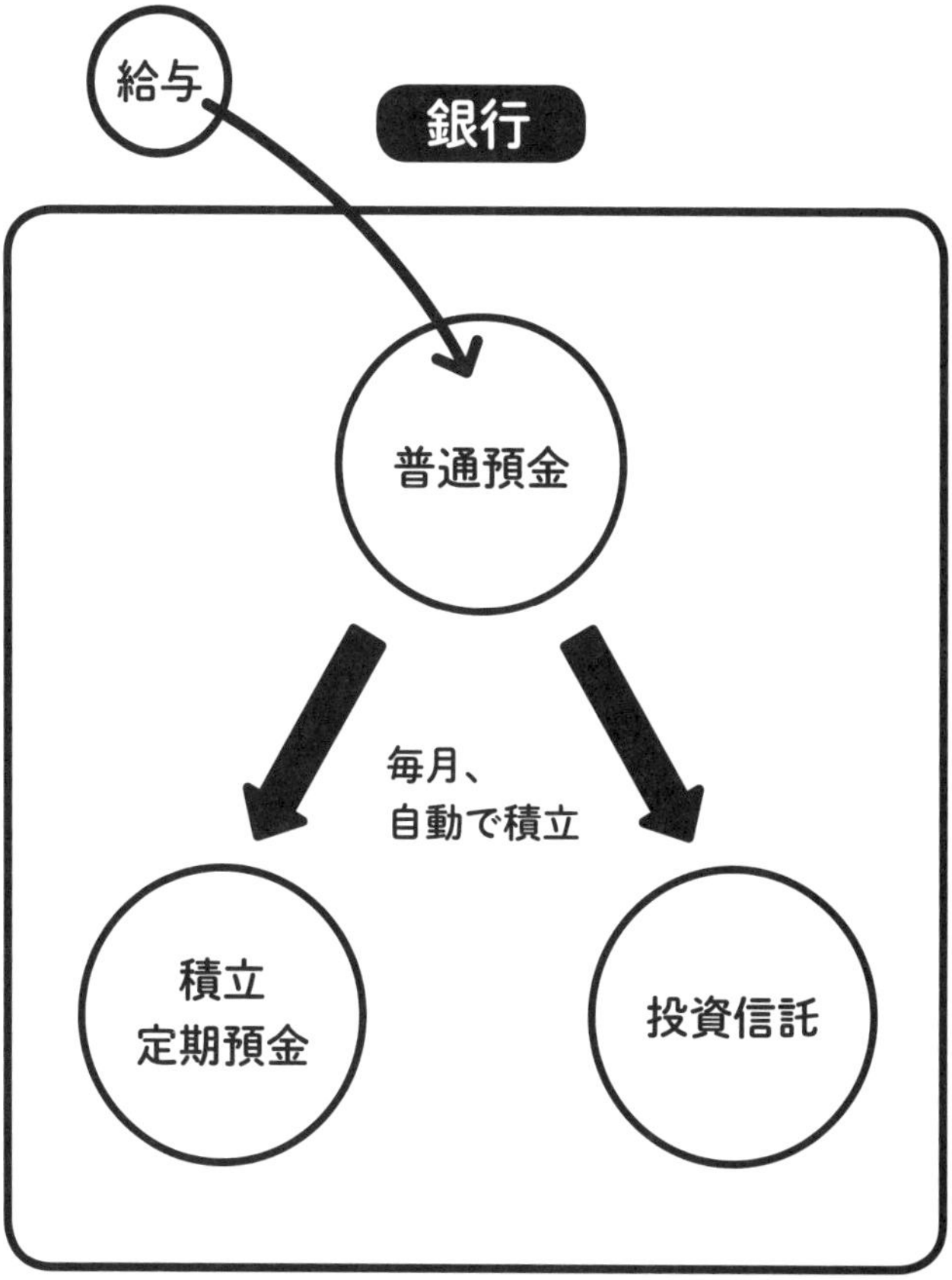
給与
銀行
普通預金
毎月、
自動で積立
積立
定期預金
投資信託

ではふたつ目を説明しますね。

- 別の金融機関に口座を開いて、給与振り込み銀行の口座引き落としで別の金融商品に積立てる

証券会社などに口座を開いて、投資商品で積立をしたいときには、これが向いています。

証券会社？　私、投資したことないし、どうしよう？

そうですね。まずは定期預金の積立、可能なら金利が高いネット銀行の定期預金での積立から始めて、その次のステップとして積立金額の一部だけ投資信託にする。そこから先は、残高が100万円以上になって、お金の知識をつけてからでも遅くはないです。5章で説明する「つみたてNISA」を始めるときに検討すればいいでしょう。

100万円貯めるまでの道すじが見えてきました。とにかくまず生活費の3か月分、私の

場合は50万円を自動積立定期預金で貯める！　給料が増えたときは積立額を増やす。50万円を達成したら、積立先を見直す。

まとめ

- 収入が増えたら積立額を増やす（手取りの1割貯金ならおのずと増える）、生活費の3か月分が貯まったら積立先を見直す。
- 銀行預金は安全だけど金利は低い。
- 銀行には種類があり、ネット銀行は銀行の中では金利が高め。
- ネット銀行を使うときは、手数料をかけずにお金を移す。
- 積立先の見直しとして、同じ銀行の別の商品（投資信託）を使う方法がある。
- 投資信託は、積立の全額ではなく一部にする。

1割の積立を続けていけば、これからの人生、大丈夫ですか？

手取りの2割まで貯金の割合を高めていきましょう

もし結婚したら、やっぱり手取りの1割を、それぞれに貯めればいいですか？

うーん、残念ながら不正解。**結婚して2人になったら、共働きの間は、それぞれ手取りの2割を目安に貯めてください。**なぜなら収入は2人分だけど、支出が2倍になるわけではないからです。家賃や水道光熱費は2倍にはなりませんし、1人分より2人分の料理を作る方が食材を無駄にせずに使いまわししやすいです。2人の方が貯めやすくなるんです。

2割はあくまで目安で、給料の額や住居費によってはもっと貯められるケースもあります。子どもが生まれるまでは、人生の中でお金を貯められるチャンスの時期です。

結婚しなくても、積立は2割を目標に増やしていってほしいのです。まだ若くて一人暮らしだと1割も大変かもしれないけれど、1割を達成出来たら次は2割です。

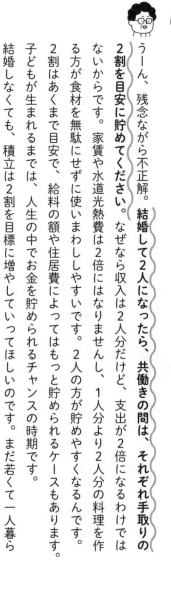

結婚しなくても、もし2割貯められたら、半分の期間で100万円が貯まりますか？　5年は長いなあと思うんです。

はい。あなたの場合は1割が1万7000円なので、2割の3万4000円を積立てていくと、2年半で102万円、5年で204万円になります。手取りが同じ夫婦がそれぞれ2割貯めるなら、2人合わせて倍になるということです。

そっか。2人で2割の貯金ができたら、かなり貯まりそうですね。協力的な人を探さなくちゃ！

これから、いろいろなことが起きます。毎月の給料では払えない大きな支出も必要になるでしょう。住宅購入の頭金や子どもの教育費など。大事な場面でちゃんと払えるように貯めておくこと。使う際には、ほんとに必要な分だけを貯金から出します。イメージとしては、手取り収入から2割を目安に毎月積立てていき、大きな支出に使うのは、その半分くらい。老後資金も確保しなければならないので。

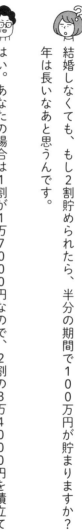

老後？　あまりにも遠すぎて想像できないけど、不安はあります。今だけではなく、先のことも考えなきゃいけないってことですね。

家計簿って付けなくちゃダメですか？

1か月だけ、簡単に付けるだけでも効果大！

計画は立てたけど……、実行できなきゃ意味がないですよね。やっぱり家計簿ですか？お金を貯める話には必ず出てきます。

そうですね。まずは手取りの1割を貯めましょうと言いましたが、ほんとは目標設定より前にやることがあるんです。だって、1か月の手取り収入を何にいくら使っているかわからないと、貯金できそうな金額も計算できないでしょ。実際のところ1割の貯金はできそうですか？

感覚的には、つい買ってしまう無駄遣いもあるから、それをやめれば1割くらいはなんとか貯金できるんじゃないかと。

では、そこをちゃんと数字で確認しましょう。といっても、ざっくりでかまいません。まず、1か月だけ家計簿を付けてみましょう。記録が残るものは記録を利用します。例えば、銀行の預金通帳。ここには、給与の入金、水道光熱費やスマホ料金などの引き落とし、ATMでの現金の引き出しなど、銀行の口座を経由した収入と支出が記録されています。給料日の直後など月に一度は記帳しましょう。ネットバンキングが使えるならログインしてネットで入出金の履歴を確認してください。入出金の履歴はダウンロードや印刷もできるようになっています。後払いのクレジットカードは使った時点で支出にしたいので、控えを取っておきます。何に使ったのか一番わかりにくいのが現金での買い物。レシートをもらうことを習慣にしてください。これだけ揃えれば、大まかに支出を把握できます。項目別に合計額を出しましょう。

そうそう、いつも家計簿を付けようとして、項目に迷ってしまうんです。

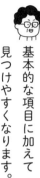

基本的な項目に加えて「娯楽・趣味」、「美容費」の項目を作るのがポイント。無駄遣いを見つけやすくなります。

家計簿の項目

●住居費……家賃、管理費など。住宅購入後は住宅ローン、火災保険料、修繕積立金など住宅に関わる支出もここに入れる。

●食費……生きていくのに必要な1日三食の食事代。自炊用の食材と外食も含む

●水道光熱費　電気、ガス、水道代

●日用雑貨……洗剤、ティッシュ、食器など。

●通信費……携帯電話、プロバイダ料金

●医療費　市販の風邪薬、目薬、医療機関での診療費など。

●娯楽・趣味……コンビニで買ったおやつなど食べなくても生命にかかわりがないものはこちらに。友達とのお茶、飲み会、映画、スポーツなども含む

●美容費……化粧品、美容院、エステ、ネイルなどの費用。

●被服費……衣類に、靴やバッグなどの小物、クリーニング代金もここに入れる。

コンビニでプリンを買ったときは、「趣味・娯楽」に入れちゃうんですね。

はい。生活に必要なものと、生活を彩るものに分ける感じでしょうか。生活に必要なのは、まず住まい、住居費ですね。そして食費、水道光熱費、日用雑貨、通信費、医療費、ここまでです。生活を彩るのは、娯楽・趣味、美容費、被服費。これらも1円も使わないわけにはいかないし、充実した生活のためにある程度は確保したいですね。節約ばかりでは楽しくありません。でも、値段と価値をよく考えて比べたり、選んだりできるし、場合によっては我慢できるものもありますよね。

1円単位で数字を合わせようなんて思わなくていいので、1000円単位くらいの超ラフでかまわないから、各項目の金額を出してみましょう。想像していた以上に使っていたとか、それほどでもなかったとか、自覚できる効果は大きいですよ。

よくわかりました！　来月、さっそくチャレンジします。

項目別の金額が確認できたら、足し算して1か月の支出の合計を出し、手取りの収入と比

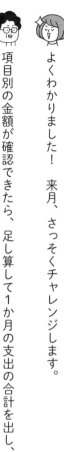

べてみましょう。どれくらいの余裕がありますか。カツカツで余裕がないなら、使いすぎている項目を節約して、いくら貯金に回せそうですか？　こうして、家計簿を付けて確認した数字をもとに考えれば、毎月、積立に回せる金額もわかります。

車の運転が好きな友達がいますけど、そういえば項目に車が入っていませんね。

足りない項目があれば、自分で付け加えてください。車を持っているなら車関連費、保険に入っているなら保険料、人によって違ってきます。

なるほど。結婚して子どもができたら、教育費が加わるってことですね。

自分の生活に合うように、また人生の時期によって付けやすいように家計簿の項目も変えてかまいません。自分のお金の使い方を把握して、貯金や、よりよいお金の使い方につなげるために付けるんですから。毎月、積立に回せる金額がわかったら、さっそく積立定期預金を申し込んでくださいね。

給料日前にお金が足りなくなったらどうしよう？

使えるお金を1週間単位で決めて5週目に帳尻を合わせる

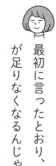

最初に言ったとおり、私、給料日前ってホントに不安なんですよね。大丈夫かなあ、お金が足りなくなるんじゃないかと思っちゃって……。お金がちゃんと貯まれば安心できるんでしょうけど、それまではどうやって給料日前を乗り切ればいいんですか？

さっき家計簿を付けるために紹介した項目を思い出してください。銀行口座からの引き落としで毎月の金額がほぼ決まっているものと、現金を引き出して使ったり、クレジットカードや電子マネーで払ったりして、使い方によって金額が変わるものがあります。

銀行口座からの引き落としで毎月の金額がほぼ決まっている

- 住居費（家賃の振り込みも含む）

●水道光熱費
●通信費
これらを固定費と呼ぶことにしましょう。

手取りの給料から積立てる金額を引き、さらに固定費を引いて、その残りで固定費以外の項目を払います。

あなたの場合、どうなるか計算してみましょう。固定費はいくらですか？

家賃に光熱費に……、月7万円くらいですね。

ということは、手取り収入17万円－積立定期預金1万7000円－固定費7万円＝8万3000円。つまり、8万3000円で、食費、日用雑貨、医療費、趣味・娯楽、被服費、美容費をやりくりすることになります。固定費とは異なり、その時々の判断で使えて金額も変動しやすいので、こういう支出を変動費と呼ぶ人もいます。
1か月はけっこう長いので、給料日の翌日から1週間単位で管理します。8万3000円

図4　5分割予算管理術

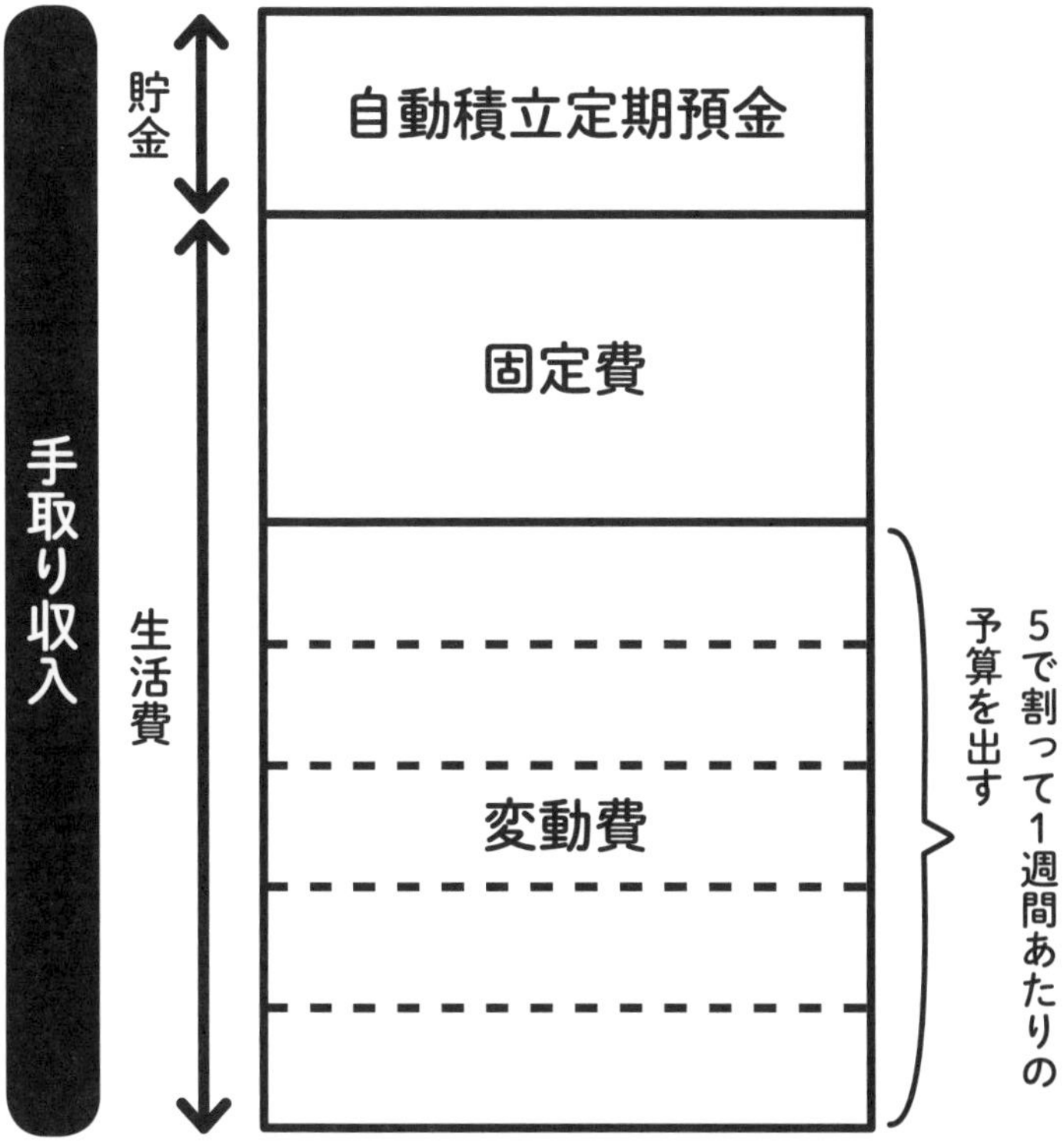

を5で割ると1万6600円。1週間をこの予算でやりくりしてみましょう。週に1回、財布のレシートやクレジットカードの控え、電子マネーの履歴を見て、予算内に収まっているかを確認。使いすぎていたら翌週は引き締め、そして5週目は日数が少ないので、ここで何とか合わせます。

その方法なら、何とかやって行けそう。チャレンジします！

※利子の計算は、「知るぽると」（金融広報中央委員会）の資金プランシミュレーションを使用。

第3章

お金が無くなる原因を見つけよう

【仕組みづくり編】

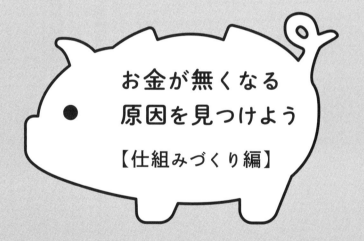

頑張った自分へのご褒美 もうダメですか?

6 小さなガマンの積み重ねと、1回の改善を比べよう

さっき、残業代の話でも言いましたけど、私、甘いものが好きで……。コンビニでちょくちょく買っちゃうんです。新作とか、季節限定に弱くて。仕事が忙しいと、つい自分へのご褒美が増えて、「ちょっと高いなー」と思いながら財布のヒモがゆるんでしまうんですよね。やっぱりこういうの、卒業しなきゃいけませんよね?

気持ちはわかりますよ。疲れた心にはきっと効果があるんでしょう。さっき(2章で)、とにかく1か月だけ家計簿を付けてみましょうといいました。できそうですか? 最初から全部の項目を付けるのが重荷なら、まず、コンビニで買っているものだけでいいから、確認してください。レシートを取っておいて、1週間に1度、合計します。

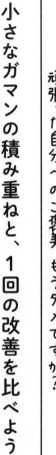

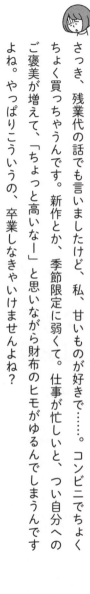

コンビニの分だけ？　なんだか、落ち込みそう〜。

やっぱり。自分でもなんとなくわかっていますよね。つい余計なものまで買っていること。そこをうやむやにしてはいけません。自分が何にいくら使っているかを確認しなくては、どこをどう改善するか判断できません。ダイエットしたいときは体重を量ります。きれいになりたいときは鏡を見ます、それと同じです。コンビニのレシートをしっかり見て、買わなくてよかったものがどれくらいあるか、合計額を計算してください。

もしかすると全部かも。でも、ひとつあたりは数百円なんですけど……。あ、そういえば、ちりも積もれば山となるということわざがありました……。ごめんなさい。

いえいえ、怒っていません。冷静に数字を確認してほしいだけです。節約には、小さな金額を積み重ねていく方法と、1回でドンと減らす方法があります。コンビニでの買い物を減らすのは、小さな節約の積み重ねです。その都度、ガマンが必要。これはこれでストレスになったりします。一方、1回で減らすには、大きな支出の見直しが必要で、こちらは決心や手間が必要になるケースが多いです。でも1回でドンができると、効果は大きいん

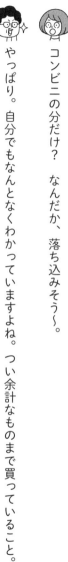

です。数字で比較してみましょう。

1回あたり200円の節約を15回　200円×15回＝3000円

1回あたり1万5000円の節約を1回　1万5000円×1回＝1万5000円

1回で大きく節約できる支出って何だろう？

毎月決まって払う固定費は、もうこれ以上、減らせませんか？

固定費？　さっき教えてもらったばかりですけど、家賃、水道光熱費、通信費でしたよね？

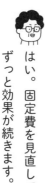

はい。固定費を見直して下げられると、その都度、ガマンしなくても、次の見直しまでずっと効果が続きます。

そういえば、学生時代の友達2人と「一緒にルームシェアする？」って話が出たことがありました。そのままになっているけど、もう一度、聞いてみようかな。

3人でルームシェアできれば、家賃も光熱費も今より下がる可能性が高いですね。民間よりも家賃が安めの公営住宅は、単身者の入居は60歳以上などの高齢者に限定しているところが多いので、すぐには難しそうです。でも念のため、住んでいる自治体の制度を確認してください。結婚後なら同居の親族がいるので、収入などの要件を満たせば申し込みができます。子育て世帯には家賃を優遇する自治体もありますから、いずれは検討したいですね。家賃を安くできると効果が大きいので考えてみてください。通信費は、主に携帯電話とプロバイダ料金です。携帯電話はどんどん安いプランが出てきていますから、月数千円単位で安くなる可能性あり。調べて変更を検討してください。

固定費は、節約の対象として考えていませんでした。実現したら、コンビニのおやつをガマンするよりも節約できそう！

さっきの節約が1か月あたりだったとして、1年間実行できたらどうなるか数字を見てみましょう。

200円の節約15回を12か月　3000円×12か月＝3万6000円。

1万5000円の節約を12か月　1万5000円×12か月＝18万円

おおっ、こんなに大きいんですね！　固定費の見直しに意欲が湧いてきました！　1年では18万円の差か〜。

引っ越しには費用がかかるので、引っ越し費用を差し引いてもプラスになるのは何か月後からか、そのあたりも計算してください。携帯電話の乗り換えやプランの変更には大きな費用はかからないので、すぐに効果が出ます。

いろいろ調べて変更する作業には気合と行動が必要だけど、見直し後は、何もしなくても節約した状態が続きますね。

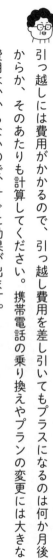

固定費を減らせたら、小さな節約は気にしなくていいですか？

小さな節約も、意識や習慣を変えればストレス軽減

家賃や通信費の固定費を減らせるなら、自分へのご褒美はもう我慢しなくていいんですか？

さっき計算した通り、小さな節約も1年間積み重ねれば数万円になるケースもあります。短期の旅行、仕事用の靴やバッグを新調するなどができるでしょう。つい無意識に使っているお金を、もっと有意義な支出に替えられるかもしれませんよ。

そういう目標があれば、やる気が出るかも。

精神論は好きではないのですが、自分の意識が変わることでお金の使い方も変化します。

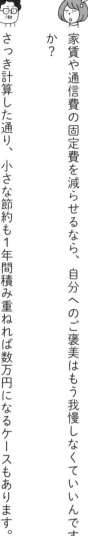

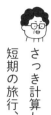

そのためには目標を持つことが大事。「お菓子を買う回数を減らして○○を買う」など具体的な目標を思い描いてください。そして、頭で考えるだけではなく、手帳やノートに書いて、時々見返しましょう。実現できたら丸を付ける。これを繰り返す。やり遂げたことが、次のやる気につながります。

また、小さな節約は、習慣を見直すことで、無理なく実現できるケースが多いです。コンビニに寄った後で値段を見比べたり、買うのを我慢したりするのではなく、そもそも必要ないときにコンビニに入ってしまう習慣をやめる。自分の日常的な行動のパターンについても振り返ってみてください。

自分の行動のパターン……。深く考えたことなかったです。

コンビニの支出が確認できたら、1か月の家計簿、ちゃんと付けてくださいね。他にも減らせるものが見つかるかもしれません。

できるかなあ。なんだか息苦しくなっちゃった。これまで適当に使ってきたから、いっぺんにいい子になるのは無理かも。それこそ、リバウンドしそう。

無駄遣いだと思う支出を、一度に全部減らさなくてもいいんですよ。まず3分の1だけ、減らしてみるとか。週に3回はコンビニに行っているなら、2回にしてみる。徐々に慣らしていってください。それと、さっきも言いましたが、まずは、無意識の支出を、目標のある支出に替えることからチャレンジを。欲しかったものが手に入るわけですから、現実の生活も充実するし達成感が次につながります。

そうやって意識しながらお金を使っているうちに、本当に手に入れたいもの、ガマンできるものの線引きもはっきりしてくると思います。

財布がレシートやカードでパンパンです。どうすればいいですか？

現金もクレジットカードも電子マネーも、週1管理でスッキリ

家計簿を付けた方がいいとずっと思っていて、買い物の後、レシートはもらっています。クレジットカードの控えも。でも、家計簿を付けられないまま財布に入れっぱなしで、い

つのまにかいっぱいになって、財布が使いづらくて、結局捨てて……。

お金を使うときは現金が多いんですか？

現金も使うし、クレジットカードや電子マネーも。あといくらお金を使えるのか、ときどきわからなくなっちゃうんです。

実際にお金が減るタイミングがずれるからですね。支払い方法と支払いのタイミングを整理してみましょう。

- 現金　↓　同時払い。その場で現金が減る
- クレジットカード　↓　後払い。後日まとめて銀行口座から引き落とし
- 電子マネー　↓　事前にチャージ（＝入金）して使う。原則、前払い。ただし、現金や銀行口座からチャージする場合は前払いだが、クレジットカードからチャージすると後払いになる

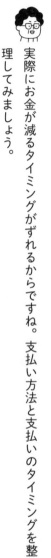

週に1回家計簿を付けることで、お財布パンパンも、あといくら使えるか問題も解決しますよ。**どの支払い方法でも、使った、またはチャージした週の支出にします。**現金は、その場でお金が減るから、お金を使った実感は一番ありますよね。財布にいくらお金が残っているかも見えます。一方、目の前にお金がないので使いすぎになりやすいのがクレジットカード。実際に銀行口座から引き落とされるのは後日ですが、使った分を口座に残しておくために、その都度、支出として付けます。

意外と管理が難しいのが、どんどん普及している電子マネーです。ＩＣカードやスマホのアプリといった、いわば電子マネーのお財布にチャージ（入金）して使いますよね。チャージしただけなら実際にはまだ使っていないわけですけど、いったんチャージしたお金を現金や銀行口座に戻すことは通常ないので、チャージした時点で支出にします。これなら後払いのクレジットカードでチャージした分も支出になるので、残高が足りなくなることはないはずです。

電子マネーはまだ買い物していないのに支出にしちゃうんですね。項目は何にすればいいですか？

電子マネーを使うお店や買うものってだいたい決まっていませんか？　1回あたりのチャージ金額もそれほど高くはありませんよね？

そういえば、ほとんどコンビニのおやつや飲み物、日用雑貨ですね。チャージは1回、数千円かな。

それなら、電子マネーで買うのはおやつだけにして項目は娯楽費にしましょう。例えば1か月あたり2000円などと予算を決め、月初めの週にチャージして支出にしてしまいます。後は残高を見ながら使っていく。飲み物や日用雑貨は、現金かクレジットカードでスーパーなどで安くまとめ買いしましょう。

そして、さっきも言った通り、手取り収入のうち固定費を払った残りを5週分に分け、1週当たりの予算を出して、その範囲でやりくりします。週に1回、現金払いも、クレジットカード払いも、電子マネーへのチャージも家計簿に付けて、予算内に収まっているかを確認しましょう。

「予算を決めて守る！」か。お金、貯めたいからやってみます。

注意したいのが電子マネーのオートチャージ（自動入金）です。残高が一定額以下になると銀行口座やクレジットカードから自動的にチャージされるオートチャージ（自動入金）を設定できる電子マネーもあります。**自分でチャージするのと比べて、自動なので気が付かないまま、お金を使いすぎてしまいがち。**特にクレジットカードは、銀行口座に残高がなくてもチャージされるので、残高不足になりかねません。お金の管理がきちんとできていない段階ではやめておいた方がいいでしょう。

わかりました。家計簿に付けたら、レシートや控えは処分していいですね？

封筒やファイルに保管して、お財布の方は1週間ごとにスッキリしちゃってください。買ったけど返品したいときはレシートが必要だし、クレジットカードの控えは引き落としが終わるまでは持っていた方がいいので、2～3か月保存して、特に問題がなければその後は処分してかまいません。

お金の管理がラクになる方法はありませんか？

お金の動線を整えて、お金の流れを見えやすくしよう

ちゃんと家計簿を付けようと決心したんですけど、でも私あんまりそういうの得意じゃなくて……。なるべくもっとラクにお金を管理できる方法があれば嬉しいなと。こんな発想、ナマケモノでしょうか？

そんなことはありません。お金の管理は、お金を有意義に使うための手段で、目的ではないので、手間をかけずにできるならその方がいいに決まっています。ラクをするには、お金の流れを整えておくことです。自動積立定期の設定と同じで、一度、決めて実行すればあとはラクチン！

お金の流れ？

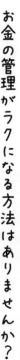

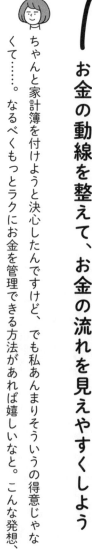

はい。特に最近は、複数の支払い手段を使えるので、お金の流れが見えにくくなりがち。**これを見えやすくするには、どの支払い方法で何を買うのかを決めるのが簡単で効果大！**
電子マネーやクレジットカードはいくつ使っていますか？

電子マネーはふたつ、クレジットカードも2枚、使っています。

使い分けはしていますか？

使い分けと言われても……。電子マネーは通勤定期用がひとつ。ここにチャージして遊びに行くときの交通費、自販機やコンビニでの買い物にも使っています。もうひとつは、コンビニで使うとポイントが貯まるので作りました。残高を見て、テキトーにふたつを使っています。

では、通勤定期用の電子マネーは交通費だけに。遊びに行くための交通費をチャージしたときは、その分だけを娯楽費に付けてください。コンビニでポイントが貯まる方は、さっき言った通りコンビニのおやつだけに。電子マネーはこれでスッキリ、通勤定期代以外は娯楽費です。次にクレジットカードです。2枚のクレジットカードは使い分けていますか？

いえ、特には。

では1枚を日常の生活費用に。もう1枚を特別支出用にします。日常の生活費用は、食費や雑貨など毎月の手取り収入から出す支出をクレジットカード払いにしたいときに使います。光熱費や携帯電話料金なども、このクレジットカードで払うようにすると毎月ポイントが貯まります。

特別支出用のカードは、旅行代金や家電製品の買い替え、季節の変わり目に買うコートやバッグなど値の張る買い物に使います。毎月の手取り収入から1回で払うには金額がはるものが多いので、特別支出用にお金を貯めてから使います。だからこっちのカードは1年に数回しか使いません。

日常の生活費と、特別な支出でクレジットカードを使い分けるってことですか？

そうです。これでクレジットカードもスッキリ。普段は生活費用のクレジットカードの予算が守れているかだけ確認すればＯＫ。電子マネーとクレジットカードの使い分けは、決めた通りに使うだけなので、簡単です。次は銀行口座の整理です。手間がかかる可能性があるのは銀行の使い分けです。銀行口座はいくつ持っていますか？

え〜っと、３つです。ひとつ目は子どもの頃、親が作ってくれて、お年玉を貯めていた郵便貯金。今はゆうちょ銀行ですね。お金が足りないときに引き出して使ってしまったので、残高はほぼゼロ。ふたつ目は高校生の時にバイト代を振り込んでもらうために作った銀行口座。さっき教えてもらった分類では都市銀行です。光熱費と携帯電話代とクレジットカードの片方はここから落としています。３つ目は就職したときに作った銀行口座で地元の地方銀行です。会社で給与振込の銀行が決まっていて、作るしかなかったので。だから給与はこの銀行に入ります。プロバイダ料金と、もうひとつのクレジットカード料金はこっちから引き落としています。

ふたつの銀行から毎月ばらばらに引き落としているんですね。いちいちお金を動かすのが

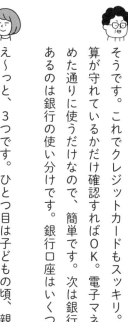

面倒ではありませんか？

そうなんです。少し多めに入金しておければいいのだけれど、ギリギリなので毎月ATMで出してはATMで入金しています。

引き落としはすべて給与振り込み銀行に変更しましょう。収入が入る口座と生活費を落とす口座は同じ方がお金を動かす手間が省けてラクですよね。その上、1か月の収支も一目瞭然です。自動積立定期預金もここから引き落とすので（ネット銀行への自動入金もこの口座から）、毎月の手取り収入がいくらで、そこからいくら積立て、使ったお金（引き落とされた支出）がいくらで、残ったお金がいくらかもわかります。

クレジットカードは、生活費用と特別支出用を使い分けることになりましたが、両方とも？

そうです。支出はすべて給与振込の銀行から出します。

今さら変えるのは面倒……、だけど気合を入れて変更すれば、毎月お金を移す作業はなくなるし、確かにお金の流れがスッキリしてわかりやすくなりますね。じゃあ、残りのふたつの銀行はどうすればいいですか？

どちらかを解約しましょう。使わない銀行口座は、すみやかに解約するのが鉄則です。ずっと出し入れがない預金は、一定の期間が過ぎると休眠預金になるからです。いったん休眠預金になっても、本人確認書類などを揃えて手続きすれば、口座のお金を引き出して解約することはできますが、そんな面倒なこと多分しませんよね。それなら使わなくなった段階でさっさと解約する方が簡単で、すっきりします。口座に残っているお金も失くさずにすみます。それぞれの銀行のサイトを見て、利用できる商品やサービスを比べ、どちらを残すか決めてください。残した方の銀行は急な支出に備える予備費を入れておいたり、生活費用の銀行口座とは分けてお金を増やしたりするために使います。

上手に活用できそうなら、積立定期預金ができるネット銀行に口座を開いて、もう一つの銀行として使ってもいいですね。銀行口座は使い方別に2つ、多くても3つあれば、普通の収入で普通に生活するには充分です。こうしてお金の流れを整え、お金の流れが見えや

図5　銀行口座は2、3個あれば充分

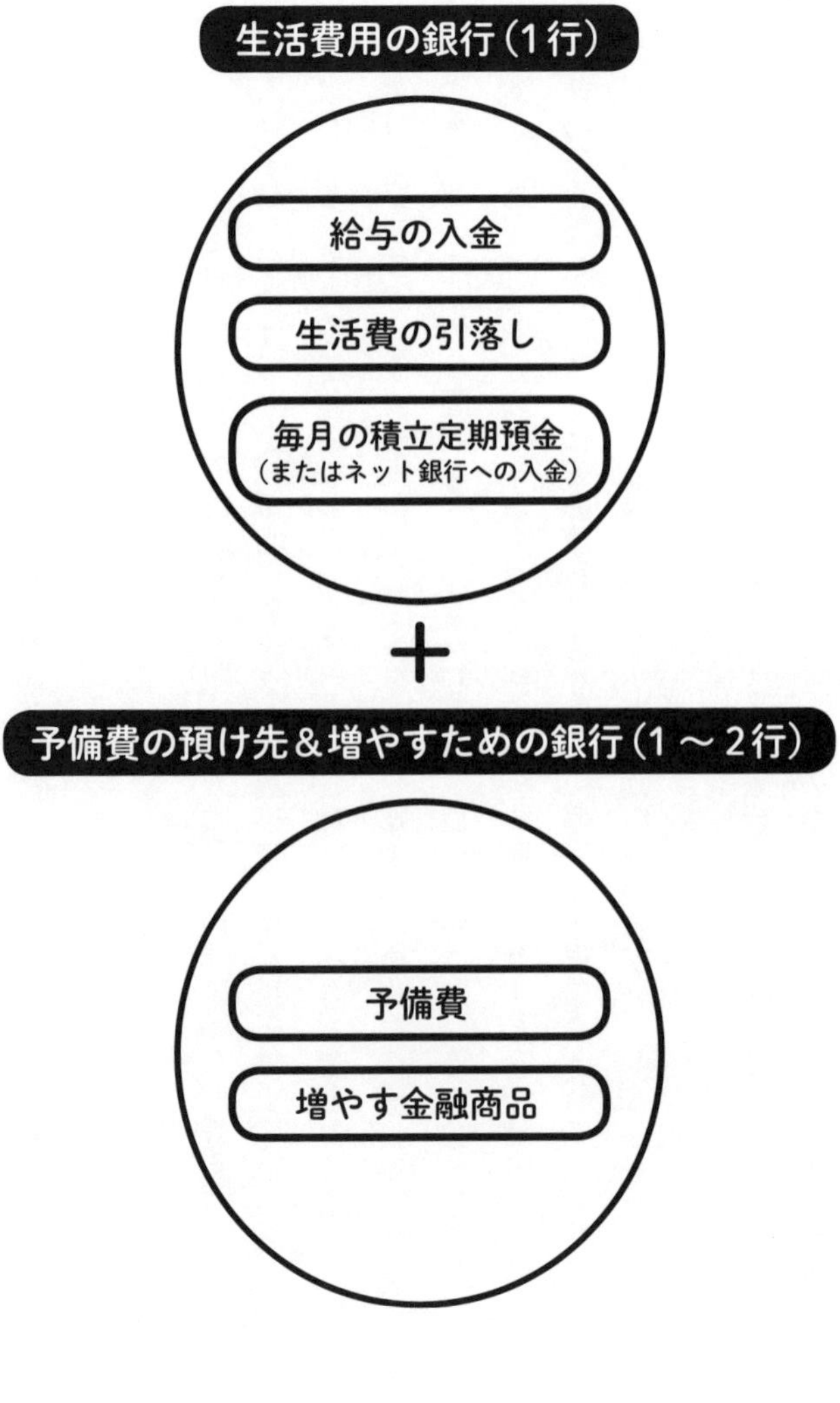

すくなっていれば、使いすぎたり、お金が足りなくなってせっかく積立てた分を取り崩さずにすみます。
今後はラクになってなまけるためにも、銀行口座の整理を、一回、頑張ってください。

かいせつ　休眠預金って？

10年以上、出し入れしないまま放置された預金を休眠預金または睡眠預金という。2019年1月以降に発生した休眠預金は、「休眠預金等活用法」により税金や社会保障ではカバーできない分野の資金としNPO法人などを通して使われる。

実はリボ払いしているんですけど……。

手数料が高いリボ払いはさっさと返して、もうやめよう

さっき特別支出という言葉が出てきましたよね。毎月の収入から払うのが難しい金額のものは、お金を貯めておいて買うという……。実はお金がないのにどうしても欲しかったも

のがあって、クレジットカードのリボ払いで買ってしまったんですよね。まだちょっと返しきれてないんですけど……。ポイントもキャンペーンでついたし、私にとってはありがたい仕組みなんです。毎月少しずつ払っていけるので。でも最近、リボ払いは危ないって話もよく聞くので……。やっぱりリボ払いってまずいんですか？

うーん……、クレジットカードは一括払いが鉄則なんですけど。リボ払いにすると、いくら手数料を払うか知っていますか？　商品の代金＋リボ払いの高い手数料を払うんですよ。

あまりお得でないことはわかっています。

かいせつ

クレジットカードの支払い方法による手数料の違い

- **一括払い**……1か月の間に使った分（1か月の締め日はクレジットカード会社により異なる）をまとめて、翌月に一括して支払う。手数料はかからない
- **リボルビング払い**……毎月一定の金額を支払う。複数の買い物や、返済中に新しい買い物をしても一定の金額を支払う。毎月の残高に対して手数料がかかる

クレジットカード会社にもよりますが、リボ払いの手数料は年率で15%程度のところが多いです。15%の金利を払ってお金を借りるのと同じことです。これに対して、銀行の定期預金の金利は0・002%が一般的（2021年1月10日現在）。お金を預けてもほとんど増えないのに、リボ払いではたくさん手数料を払うんです。ちゃんと把握しておいてほしいので、数字を確認して比べてみましょう。

- 12万円の買い物をリボ払い　手数料15%で毎月1万円ずつ12回で払う場合……**手数料の合計は8200円~9800円程度。**※残高に対して日割り計算で手数料がかかるため、購入日から支払い日までの日数により手数料が多少異なる。
- 12万円を1年の定期預金に預け入れ　金利は0・002%……**利子2円**（税金は考慮せず）

こんなに違うんですよ。リボ払いの手数料でちょっとした買い物ができます。新しいリボ払いはもうしないこと。また、リボ払いの残高よりもお金が貯まったら、残りを一括返済（まとめ払いとも言う）することで、手数料を減らすことができます。検討してください。

クレジットカードでの買い物は一括払い、使った週に支出として家計簿に付け、他の支払い方法とあわせて予算を守る、これを習慣にしましょう。

そもそも、大きな買い物のために使えるお金がないからリボ払いになってしまったわけですが、最初に教えてもらった毎月の自動積立定期以外にも、買い物のためのお金を貯めておいたほうがいいってことですね？

そうです。特別支出用のお金として、毎月少しずつ貯めたり、残業でいつもより手取りが多かった月の給与や、ボーナスを貯めておくのがおすすめです。

ボーナスは、とても恥ずかしくて言えないくらいの金額です。でも、貯めることにします。普通預金に置きっぱなしだと使ってしまいそう。どうすればいいですか？

給与が振り込まれる生活費用の銀行に**貯蓄預金**があれば、ここに貯めてください。貯蓄預金は、普通預金と同様に1円単位でいつでも預け入れや引き出しができるので使いやすく、例えば10万円以上など一定金額以上になると普通預金よりも金利が高くなります。ただし、普通預金のように、光熱費などの引き落とし口座としては使えません。金利の水準は、普

通預金と定期預金の中間と考えるといいです。ただし現在は、低金利のため普通預金との金利差はほぼありません。そのため取り扱いを中止した銀行もありますが、近々使う予定で定期預金にするほどではないけど普通預金とは分けておきたいお金を置いておくのに便利です。ネットバンキングでいつでも普通預金から貯蓄預金への振り替えができるので簡単。ぜひ活用してください。

貯蓄預金ですね。給与振り込みの銀行で使えるか、確認してみます。

- 貯蓄預金（ゆうちょ銀行は通常貯蓄貯金）1円以上1円単位でいつでも預け入れ、引き出しが可能。銀行が定めた基準残高（10万円など）以上になると、普通預金よりも高い金利が付く。1年を365日とする日割り計算で利子がつく。取り扱わない銀行もある。

もし給与振り込みの銀行で貯蓄預金を取り扱っていないなら、やはりネットバンキングで定期預金にしてしまいましょう。定期預金のいいところは、金利は低いけれど、満期前に中途解約しても元本割れしないところ。ネットバンキングなら毎月の自動積立定期とは別

の定期預金をいつでもパソコンやスマホから作ることができます。必要な時期になったら解約して普通預金に戻して使います。解約もネットバンキングでできます。注意点は、ネットでいつでも解約できるのをいいことに、大事な自動積立定期預金まで解約しないこと。

解約してはダメな定期預金と、使う時期になったら解約する定期預金の2本立てということですね。

6 賃貸と持ち家、どっちが得か損かは言い切れません

家賃を払うのは損ですか？

毎月家賃を払っていると、もったいない気がして……。賃貸ってやっぱり損なんでしょうか？

賃貸か持ち家かは、お金のことを考える時の永遠のテーマですね。実はどっちとも言えないんです。それぞれ、どれくらいのお金がかかるかをシミュレーションすることはできますが、条件を変えれば結果は違ってきます。住宅の場所、広さ、住宅ローンの金利、返済期間……。どちらにもメリットとデメリットがあるので、まずそこを確認しましょう。

持ち家にもデメリットがあるんですね。住宅ローンを払うのは大変そうだけど、払い終わったら自分のものになるから、後はバラ色なのかと思っていました。

住宅は、土地部分と建物部分にわけられますよね。建物は時間がたてば古くなります。いつまでも新築のピカピカのままではありません。自分のものだから、古くなったり壊れたりしたときの修理や建て替えの費用は自分持ち。住宅を持っていると固定資産税も払うことになります。こういった面では賃貸の方が気軽です。

結婚した先輩がマンションを買ったので遊びに行ったんです。新築だからキッチンもお風呂も最新の設備で、私が借りている古いアパートに比べると雲泥の差。うらやましくなりました。

表1　賃貸と持ち家の比較表

	賃貸	持ち家
メリット	・持ち家よりも住み替えがしやすい ・多額のローンをかかえずに済む ・建物の修理や維持管理の費用は、原則、大家さん持ちなので払わなくていい	・お金に換えたいときは売ることができる ・土地の価格が上がれば資産価値が上がる ・子どもなどに資産として引き継げる
デメリット	・収入や年齢などにより住宅を借りにくいケースがある ・家賃の他に更新料なども必要になる	・場所、築年数、時期によっては売りたくても買い手がつかない ・住宅ローンを組んだ場合、利子の支払いが必要になる

新築なら建物部分の価値が高いから、マンションの値段もけっこうしたでしょうね。マンションの場合は、固定資産税に加えて管理費や将来の修繕に備える積立金も払う必要があります。建物部分は年数がたてば古くなるので評価額が下がっていきますし、自分が買った専有部分も建物自体もリフォームや補修が必要になり、その都度、お金がかかります。戸建の場合は、マンションのように管理組合はないので管理費や修繕積立金を管理組合に払う必要はありませんが、自分で管理しなければなりません。時間とともに建物が古くなるのは同じですから、リフォームや建て替えの費用を自分で意識して貯めておかないと、古くて手入れの行き届いていない住宅で暮らすことになりますよ。

建物の維持にお金がかかるのはわかりました。マンションの場合、土地部分の値段というか、評価はどうなるんですか？

自分が買った部屋、つまり専有部分の面積に応じて、マンションが建っている土地（敷地）のうちどれくらいが自分の所有（持ち分）になるかが決まります。土地の値段は地点ごとに1㎡あたりいくらか毎年発表される（国土交通省の公示価格）ので、これに自分が

所有する広さをかけたものが目安です。土地の評価は戸建も同じです。実際の売買では、売り手と買い手の意向がぶつかり合って値段が決まります。「○○○万円以上は出さない」と決めている買い手がいたり、「早急にお金がいるから、すぐに売れるなら値下げしてもいい」と考える売り手がいたりするかもしれません。

自分のものになって、お金が必要な時は売れるっていうのは持ち家のメリットですよね。
土地って、これから上がるんでしょうか。

さあ、どうでしょう。土地の値段は、買い手と売り手の、いくらで買いたい、いくらで売りたいという意思が一致するところで決まります。たくさんの取引が積み重なって相場が作られます。便利で暮らしやすい場所は買いたい人が多くて値下がりしにくいでしょうね。
ただ、日本では人口が減っているため住宅が余っていて空き家が増えているのも現実です。
住宅を買いたいなら場所選びが大事です。

いつかは買えるといいんだけど。

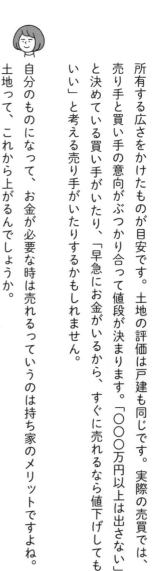

それから、車などの製品と違う住宅の特徴は、同じものがふたつないことです。賃貸でも持ち家でも、その場所に存在する住宅はひとつ。だから、賃貸と持ち家とどっちが得かというシミュレーションも、条件がなるべく近い住宅を想定して比べるわけですけど、実際には比較は不可能とも言えます。**どちらを選ぶにしても、その住宅が気に入っているか、住みたいか、そのために払う費用に納得がいくか、無理がないかが大事です。**

とりあえず家賃を払えるかどうかで今のアパートを選びました。

もちろん、自分の収入で払えるかどうかは一番大事です。特に若い頃は、住まいにかける費用はなるべく安くして、その分を貯金に回すことをおすすめします。女性の一人暮らしでは治安も考慮したいので、安ければいいというわけではありませんが。将来、これという住宅に出会ったときに、買うための資金の準備になります。ずっと賃貸なら、なおさらお金を貯めておかないと将来が不安ですよね。社宅でも実家でも、友達とのルームシェアでも、住むための費用を安くできる方法が見つかったときは実行してください。

まとめ　住まい（不動産）との付き合い方

- 賃貸の若い時期はなるべく住まいの費用を下げて、少しでも貯金を増やしておこう。
- 自分が払える値段で、納得のいく住宅かどうかを考えよう。
- 持ち家の価値は、建物部分と土地部分の合計。
- 持ち家の建物部分の価値は、年数がたつにつれて原則、下がっていく。
- 持ち家の土地部分の価値は、その時々の相場による（目安は公示価格）。
- 持ち家なら、維持費がかかるが、将来、資産価値を活かせることもある。

6

もしローンを組むなら、たくさん借りた方が得ですか？

たくさん借りたら、毎月の返済額も利子も増えて大変に

現金で家を買うのは無理だから、住宅ローンを組みますよね。どうせならたくさん借りた

表2　30年返済の住宅ローン

金利	借入額	利子	返済総額	毎月の返済額
0.50%	1000万円	77万480円	1077万480円	2万9918円
	2000万円	154万960円	2154万960円	5万9836円
	3000万円	231万1440円	3231万1440円	8万9754円
1.00%	1000万円	157万8680円	1157万8680円	3万2163円
	2000万円	315万7360円	2315万7360円	6万4326円
	3000万円	473万6070円	3473万6070円	9万6489円
1.50%	1000万円	242万4320円	1242万4320円	3万4512円
	2000万円	484万8640円	2484万8640円	6万9024円
	3000万円	727万2960円	3727万2960円	10万3536円
2.00%	1000万円	330万5960円	1330万5960円	3万6961円
	2000万円	661万1920円	2661万1920円	7万3922円
	3000万円	991万7880円	3991万7880円	11万883円

方がお得な気がします。

借りたお金は利子をつけて返さなければなりません。**特に住宅ローンは借入期間が長いので、払う利子も相当な額になります。**期間30年の住宅ローンを借りたら、利子がどれくらいつくのか、数字で確認してみましょう。

表は、毎月一定額を返していく場合（元利均等返済）の、金利、借入額ごとの利子と返済総額、毎月の返済額をまとめたものです。

こういう表を見せられると、まず毎月の返済額に目が行ってしまいます。家賃と比べて、金利0・5％で2000万円の借入なら返していけそうかなと。

では、金利0・5％で2000万円借りるケースを見てみましょう。毎月の返済額は5万9836円、これを30年間。そうすると借りたお金2000万円に対して154万960円の利子が付くので合計で2154万960円を払うということです。

金利が0・5％と同じでも3000万円借りたら、利子は231万円にもなるんだ。それ

に毎月の返済額も8万9754円に上がってる。3000万円を2％で借りると利子は991万円！

表では返済期間30年の場合を紹介しましたが、返済期間が長いほど利子も増えます。逆に同じ借入額、金利でも、返済期間が短くなれば利子は減ります。

そうなんですね。なら、返済期間は短い方がいいのかな？

返済期間が短いと、同じ借入額と金利なら、毎月の返済額が増えます。毎月返せるかどうかの問題が出てきます。

混乱してきた……。

住宅ローンの返済総額や金利について整理しましょう。

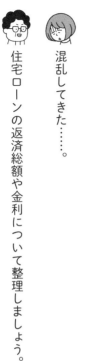

かいせつ **住宅ローンの原則**

- 金利が高いほど、毎月の返済額、利子が増え、返済総額も増える
- 借入額が多いほど、毎月の返済額、利子が増え、返済総額も増える
- 同じ金利、借入額なら、返済期間が長いほど、毎月の返済額は少なくて済むが、返済総額は増える
- 同じ金利、借入額なら、返済期間が短いほど、毎月の返済額は多くなるが、返済総額は減る

ということは、なるべく低い金利で、少なく借りて、返済期間は短い方が利子が少なくて済むんですね。

正解です。借入が少なくて済むように、少しでも頭金に使えるお金を貯めておくことで、住宅ローンを有利に組めます。住宅ローンの利子負担を減らす方法として、**住宅ローン控除**を使う、**繰り上げ返済**をするなどの方法もあります。

新築マンションを買った先輩は住宅ローン控除で節税するって言っていました。

住宅ローン控除は、年末の住宅ローン残高の１％の所得税が10年間にわたり戻ってくる優遇制度です。例えば、金利１％で借りている住宅ローン残高の１％の所得税が戻ってくれば、利子の負担なしで住宅ローンを借りているのと同じことになります。一般的な新築住宅なら戻ってくる所得税の上限は年40万円、中古住宅なら20万円です（２０２１年12月までに入居した場合）。

それいいですね。誰でも使えるんですか？

買う住宅と、住宅ローンを借りる人が、一定の条件を満たしていることが必要です。住宅については広さや築年数が関係するので不動

表3　住宅ローン控除を適用するための条件

新築・中古とも床面積50㎡以上
中古は木造なら築20年以内（耐火構造なら築25年以内）、または一定の耐震基準を満たすこと
住宅ローンの返済期間が10年以上

など

＊2021年12月までに入居した場合

産屋で住宅ローン控除の対象となる物件かどうか教えてもらえます。借りる人は、一般的な収入なら利用できます。この制度は期間限定の特例ですが、景気対策のため当面、継続されるでしょう。

住宅ローンの繰り上げ返済ってよく聞きますよね。

まとまったお金が貯まったら、毎月の返済とは別途、返済することができます。これを繰り上げ返済といい、繰り上げ返済しなかったらつくはずだった利子がなくなります。

家賃並みの住宅ローンなら、ちゃんと返していけますか？

6 家賃も住宅ローンも手取り収入の25％以内を目安に

今払っている家賃と同じくらいの返済額なら、ちゃんと返していけそうですよね？

家賃は一つの目安にはなります。ただし、マンションなら毎月払う管理費や修繕積立金、戸建なら将来のリフォーム代のための貯金なども考慮し、この分を家賃から引いて考えた方がいいでしょう。それに住宅ローンを借りるには審査があるので、自分が借りたいだけ借りられるわけではありません。

住宅ローンの審査って、何を見られるんですか？

買おうとしている住宅にどれくらいの価値があるか。住宅ローンを借りようとしている人がちゃんと返してくれるか、具体的には年収や勤め先ですね。過去に借りたお金を返さなかったことがないかもチェックされます。だから、将来住宅ローンを組みたいならクレジットカードや携帯電話の分割払いは、遅延することのないよう気を付けてください。逆に、金融機関が貸すといっても、自分の判断として返済が厳しいなと思ったら、借入額は減らした方がいいです。

住宅のための支出は年収の何％までっていう目安はありますか？

金融機関では、住宅ローンの返済額の上限を年収の25%から35%としているところもあります。家族構成や生活にもよりますが、**私は手取り収入の25%を超えると、やりくりが厳しくなるケースが多いので、手取りの25%までかなと思っています。**

住宅ローンで無理をしたら、家は気に入ったものが買えたとしても、他にお金が使えなくなりますよね。人生、家だけあれば幸せってわけではありませんから。

あら、どうしたんですか？

結婚、出産が不安でたまりません。

6 国や自治体からの給付も活用して家族の時間を楽しもう

結婚したいし、子どもも欲しい。でもちゃんとやっていけるのか不安です。

表4　未来のイベントにかかるお金

	結婚	出産	子育て	住宅購入
調査による平均額	461万8000円	41万6727円	養育費：年間数十万円 教育費： 幼稚園　年間22万4000円 小学校　年間32万1000円 中学校　年間48万8000円 高校　　年間45万7000円 大学　初年度81万80000円 　　　2年目以降53万6000円	中古マンション 3110万円 マンション 4521万円 建売住宅 3494万円 中古戸建 2574万円 注文住宅 3454万円
内容	婚約、結婚式、ハネムーンまで含めた総額	入院料、分娩料、新生児管理保育料、検査・薬剤料などの合計	教育費はいずれも国公立の平均額で高校までは保護者が出した学習費の総額。大学は入学金と授業料。私立はこれより高くなる	注文住宅は予定建設費と土地取得費の合計、新築および中古住宅は購入価額
対応策	参列者のご祝儀や親からの援助があれば全額を負担しなくてよいが、自分たちで出せる金額をもとに計画を立てる	健康保険・国民健康保険からの「出産育児一時金」42万円でほぼまかなえる	幼稚園から高校までの教育費は、その年の収入から払う。大学等の高等教育の費用をコツコツと貯めて準備しておく	無理なく返せる住宅ローンから逆算して、購入する住宅を決める

＊結婚：「ゼクシー結婚トレンド調査2019」より。
＊出産：厚生労働省「第78回社会保障審議会医療保険部会」資料より。
＊子育て：内閣府「平成21年インターネットによる子育て費用に関する調査」、文部科学省「平成30年度子どもの学習費調査」、国立大学は標準額
＊住宅：「2019年フラット35利用者調査」

お金が足りないかもしれないってことですか？　普通に生きた場合、現役時代にどんなイベントがあって、いくらかかるかをザッと見てみましょう。いずれも全国的な調査による平均額です。

結婚するのに400万円以上もかかるんですか？

これはあくまで調査に回答した人の平均額で、婚約指輪や新婚旅行などまで結婚にまつわる全体を含んでいます。ただ、このお金を2人が全部出したわけではなく、ご祝儀や親からの援助もあるので、自己負担は150万円程度とか。結婚を機に住宅を借りて家具も揃えようとすると、さらにお金がかかります。2人の貯金から出せる金額を上限に予算を立てればいいのでは？　平均額はあくまで参考です。自分たちで決めましょう。

せっかくなら素敵な結婚式にしたいから、結婚資金から貯めなきゃ。

結婚式はスタートです。実際の結婚生活は、そのあと。最初から貯金を使い切らないように。家具や家電はそれぞれが使っていたものを持ち寄る、住宅は公的なところを探すなど

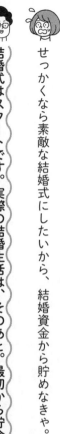

工夫すれば支出を減らせます。

出産は、「出産育児一時金」をもらえば、自己負担はほぼなしですむんですね。ちょっとホッとしました。

出産前に受ける妊婦検診費も、自治体の補助でほぼ無料になります。妊娠がわかったら自治体に妊娠届を出して「母子健康手帳」を交付してもらうことから、出産・子育てが始まります。こういった公的な補助や給付は、自分で届け出をしないともらえませんから、忘れずに手続きして、もらえるものはしっかりもらってください。

子育て費用は子ども1人当たり1000万円とか2000万円って聞いたことがあります……。大丈夫かしら？　表のデータは年間の金額だから、合計額を出すには、在学する年数を掛け算して、さらに足し算しなきゃいけませんね。

そうです。お金の管理の基本が身についてきましたね。子育て費用は、かかるお金を全部足し算すると相当な金額になって、びっくりすると思います。でも心配しなくても大丈夫。

日常の生活費から出す部分もかなりあります。毎月毎月の分割払いみたいなものですね。

事前に貯めて用意しておきたいのは、一度に大きな金額が必要な大学の入学金や授業料などです。それに、日本では生まれてくる子どもの数が減っているので、子どもを産んで育てやすい社会にすることを目標に政策がとられています。出産や子育てにはいろいろな支援があるんです。

へえ、どんなものがありますか？

0歳から中学卒業までは児童手当をもらえます。３歳未満は月１万５０００円、３歳以上は月１万円（所得制限ありだが、日本の平均的な所得ならもらえる）。自治体によっては子どもの医療費が無料になります。子どもを産んでも仕事を続ける場合は、産休や育休で給与をもらえない期間、健康保険や雇用保険から給与の半分から3分の2程度の給付金がでます。
「幼児教育の無償化」という言葉を聞いたことはありませんか？　幼児期の体験や環境がその後の人生に大きく影響するというデータがあり、２０１９年から親の所得や幼稚園・保育園にかかわらず**3歳から5歳の子どもの保育料が無償化されました**（スクールバスな

どの実費は負担あり)。制度ごとに、国、自治体、社会保険から支給されます。国の制度も、自治体が窓口になっていることが多いので、まずは住んでいる自治体、会社員なら社会保険は勤務先でしっかり情報収集してください。

いろいろな補助があるとはいえ、夫婦2人の時よりも支出が増えますよね。養育費や教育費は具体的にどうやって出せばいいですか？

養育費は、いわゆる子どもの生活費ですね。子どもだけ生活費を別にはできませんから、子どもが生まれると、子どもの分、生活費が増えるということです。会社員なら30代から40代は働き盛りで給与が上がっていくケースが多いので、しっかり働きましょう。**学校の授業料や習い事、塾の費用などの教育費は、公立なら高校までは貯金を取り崩さずに、その年の収入から出すのが原則です。**公立ならそもそも授業料などは安く、大学以降の高等教育の費用がもっとも高いからです。子どもが小さいときからコツコツと貯めておきたいのは大学や専門学校などの教育費です。

ずっと公立ならやりくりできそうだけど、私立に行くと教育費はもっと高くなるんですね。

どれくらいですか？

中学までは義務教育ですから、私立に進学するのは一般的には高校からですね。高校生には、公立の授業料相当額である高等学校等就学支援金（年間約12万円）が支給され、私立高校の場合は、私立の授業料の平均額である年間40万円程度が給付されます。授業料は学校ごとに違いますが、ほぼ無料になり、その他の費用、例えば私立高校では施設設備費を徴収する学校が多いので、そういったものは親が負担するということです。施設設備費は年間20万～30万円程度です。所得制限があり、一定の所得を超えると給付を受けられませんが（住民税額で判断され、家族構成などにより所得の上限は異なる）、収入が多ければ、その分、教育費として使えるお金も増えるわけですから。

親の収入が少なかったとしても給付を受ければ私立高校に進学できるかもしれないですね。

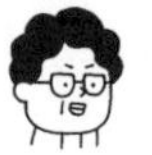

はい。私立大学については、大学や、その学部により、かなり幅があります。文系の平均は初年度１１６万７０００円、２年目以降93万７０００円。理系の平均は初年度１５４万５０００円、２年目以降１２９万１０００円（文部科学省の調査（平成30年度）より）。

子どもが2人いたら、養育費や教育費も2倍ってことですね。ちょっとため息です。

先ほども言いましたが、日本は少子化が進んでいるので、今後、子育て支援がさらに充実する可能性もあります。ここ数年の間に、幼児教育の無償化や私立高校生への授業料支援が実現しました。また、紹介したデータはあくまで全国平均額。実際にはそれぞれの家庭で、工夫して節約したり、出すところは出したりと判断しているはずです。大学生になれば、子ども本人が奨学金を受ける方法もあります。奨学金には、返済しなくていい給付型と、返済義務がある貸与型があり、以前は少なかった給付型が最近増えています。貸与型は、卒業後に就職した会社や地方自治体が返済を補助してくれる仕組みも出てきました。夫婦で働き、受けられる支援や給付をもれなく活用すれば、乗り越えていけますよ。

そうですね。不安がっているよりも、情報収集、そして貯金ですね。

せっかく家族を作るなら、上手にやりくりして家族での生活を楽しんでくださいね。

家族ができたら、やっぱり住宅を買いたいです。みんな何歳ぐらいで買ってるんですか。

表の住宅購入に関するデータは、フラット35という住宅ローンを利用した人たちの調査です。この調査では、最も多いのは30代で41・7%。次に40代が25・9%。30代と40代で67・6%ですから3分の2を占めています。

30代のうちに買いたいなあ。中古マンションで3110万円！　あれ？　中古の戸建は2574万円。戸建の方が安いんですね？

マンションと戸建の逆転現象が起きていて、平均的にはマンションの方が高くなっています。住宅購入は、とにかくまず頭金を貯めることからです。

住宅ローンの返済は手取りの25%以内が目安でしたよね。漠然としていた未来が、金額を把握することで具体的になって、自分で計画を立てられそうな気がしてきました。

※文中データの出典も表と同じ。制度の概要は2020年11月現在。

第4章

何があっても生きていける自信をつけよう

【保障・手続き編】

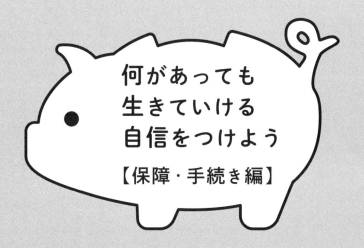

国の年金って、保険料払った方が得なんですか？

老後以外の年金もある。保険料の支払いは義務です

友達で国民年金の保険料を払っていない人がいるんですよね。どうせ国の年金なんてもらえないからって。私も払いたくないけど、給与から天引きされてしまいますよね。あれこれ引かれるせいで、手取りが減るのが腑に落ちないんですけど……。

友達には、ちゃんと払うように伝えてね。国の年金こと公的年金は、人生の一定期間、必ず入るべき基本的な保険です。自分で思っていた以上に長生きしても、生きてる限り国から年金をもらえるんですから。

う〜ん。老後とか長生きとか、ピンとこないんですよね。先の話ですし、いまいち現実味がなくて……。今どうやって働いて、今どうやってお金を貯めるかの方が、よっぽど重要

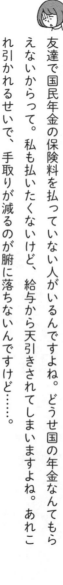

なことのような気がするんですけど、それって間違ってますか？

なるほど……。ではこういう質問をしましょう。例えば、交通事故とか病気で、万一、障害状態になったら、どうやって生きていきますか？

ええっ、どうしよう？　障害状態で働けなくなったら、3か月分の貯金なんて、すぐなくなっちゃいますよね。なんかの保険に入っておいた方がいいんですか？

そのなんかの保険の役割を公的年金が果たしてくれるんです。**長生きしなくても、若くても、もらえる年金があるんですよ。**公的年金には３つの役割があります。ひとつ目は、みんなよく知っている老後の年金。ふたつ目は、老後の年金をもらう前に障害者になったときにもらえる障害年金。３つ目は、本人が亡くなったときに遺族がもらえる遺族年金です。日本では、20歳から60歳までの40年間、全員が国民年金に加入します。これにより、３つの保障を確保しているんです。

へ～、年金って、てっきり老後にもらえるお金のことだけを言うのかと思ってました！

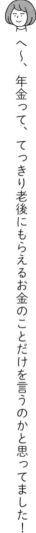

障害者になったときは、障害の度合いに応じた障害年金を受け取ることができます。でも、保険料を払っていなかったらもらえません。年金という名前ですが、人生の基本的な保険であり加入は義務。だから保険料は必ず払いましょう。

障害年金や遺族年金って言葉は聞いたことがあったけど、国の年金から出ていたんだ！

では、次の質問です。これから結婚して、子どもが生まれたとしますね。そんな幸せの絶頂で夫が亡くなってしまったら、子どもを抱えてどうやって生きていきますか？

これまた大変な状況ですけど……、多分、公的年金から、遺族年金をもらえるんですよね。だとしたら……夫には必ず年金に入ってもらいます。

そうです。遺族年金をもらうことができます。社会全体で助け合うための社会保険制度があって、公的年金はそのひとつ。会社員は社会保険料を給与から天引きされていますよね。普段は意識していないでしょうけど、これによって守られているんですよ。

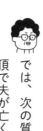

国の年金って、どんな時にいくらもらえるんですか？

老後、障害、遺族、もらえる年金額は人により違う

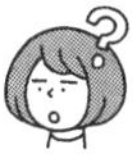

そういえば、確か年金っていくつか種類があるんでしたよね？　友達は国民年金だって言ってましたけど、私はどんな年金に加入してるんでしょう？

会社員だから、おそらく厚生年金に入っていると思います。公的年金からの給付には3つありました。老後の年金、障害年金、遺族年金、いずれも、厚生年金の方が有利です。

じゃあ、ここで、公的年金についてまとめておきましょう。

かいせつ　**公的年金の種類はふたつ**

- **国民年金保険**……20歳から60歳まで加入し、国民年金保険料を払う。自営業者、無職の人、学生、パートやアルバイトで勤務先の厚生年金に加入しない人などが対象。

厚生年金保険に加入する配偶者に扶養されている妻または夫は、公的年金保険の第3号被保険者として国民年金保険に加入するが、自分で保険料を払わなくてよい。保険料は、物価や賃金の状況に応じて毎年改定され、全員一律。

● **厚生年金保険**……会社員、公務員、私立学校の教職員が加入する。パートやアルバイトの人も、1年以上働く予定で、週に20時間以上勤務し、1か月の給与が8万8000円以上などの条件を満たせば加入する。20歳から60歳までの厚生年金保険の加入者は同時に国民年金保険に加入していることになる。60歳以降も条件を満たせば70歳まで厚生年金保険に加入できる。保険料は、給与やボーナスを等級化した標準報酬月額や標準賞与額の18・3%。半分は勤務先で払ってくれるので自己負担は9・15%。別途、国民年金保険料を払う必要はない。給与やボーナスが高い人ほど保険料も高くなるが、将来受け取る年金額も増える。

老後の年金、障害年金、遺族年金をもらえる条件と、年金の額については次の通りです。

老後にもらう年金（老齢年金）

● いずれかの年金に10年以上加入（加入期間は合算できる）していれば、65歳から生きている限り年金をもらえる。

●もらえる年金の額

国民年金保険の加入者だった人……加入期間に応じた金額。20歳から60歳までの全期間（480月）保険料を納めた場合で年間約78万円（1か月あたりは6万5000円）。

厚生年金保険の加入者だった人……加入期間に応じた基礎年金（国民年金部分）と、加入期間と現役時代の給与やボーナス額に応じた厚生年金。例えば、年収240万円で40年間、厚生年金に加入した場合、合計で年間約130万6000円（1か月あたりは約10万9000円）。

●転職などで、国民年金保険加入期間と厚生年金保険加入期間の両方がある場合は、合計した加入期間の国民年金と、厚生年金保険加入期間の厚生年金を合わせてもらえる。

障害年金

●国民年金保険または厚生年金保険に加入中に、障害の原因となった病気やケガの初診日があり、65歳に達する前に一定の障害状態になったら、もらえる。

●もらえる年金の額

国民年金保険の加入者……障害基礎年金として、障害等級1級は年間約98万円（40年間国民年金保険料を収めた場合の満額の1・25倍）、障害等級2級は年間約78万円（40年間国民年金保険料を収めた場合の満額と同額）。高校生以下の子どもを扶養している場合は、子どもの人数に応じた加算がある。

厚生年金保険の加入者……国民年金保険加入者と同様の障害基礎年金に加えて、障害厚生年金をもらえる。障害厚生年金は、障害等級1級は、老後にもらう予定だった厚生年金[*1]の1・25倍、障害等級2級と3級は同額。障害等級1級と2級には、その人に生計を維持されている65歳未満の配偶者がいれば加算がある。障害の程度が軽い場合は、障害手当金（一時金）をもらえるケースもある。

＊1　加入期間が300月未満の場合は300月と見なして計算する。

遺族年金

- 亡くなった人に生計を維持されていた配偶者[*2]や高校生以下の子どもがもらえる。保険料の滞納がないなどの条件を満たすことが必要。

＊2　生計を維持されているとは、同居していて（別居でも仕送りをしている、健康保険の扶養親族などの事実があれば認められる）、前年度の年収が850万円未満（または所得が655

万5000円未満）であること。

●もらえる年金の額

亡くなった人が国民年金保険の加入者……もらえるのは高校生以下の子どもがいる配偶者または高校生以下の子どもで、遺族基礎年金として年間約78万円。高校生以下の子どもの人数に応じた加算がある。子どもが高校を卒業すると支給は打ち切り。

亡くなった人が厚生年金保険の加入者……妻が遺族厚生年金をもらえる。遺族厚生年金の額は、亡くなった人が老後にもらう予定だった厚生年金[*3]の4分の3。妻がいなければ高校生以下の子どもまたは孫、子どもまたは孫もいなければ、55歳以上の夫、父母、祖父母の順に権利がある。55歳以上の夫、父母、祖父母がもらう場合、支給開始は60歳から。ただし、遺族基礎年金をもらっている夫にかぎり遺族厚生年金も合わせて受け取れる。高校生以下の子どもがいる妻は、遺族厚生年金と合わせて遺族基礎年金ももらえる。

夫が亡くなったとき、または子どもが高校を卒業して遺族基礎年金の支給が打ち切られたとき40歳以上65歳未満の妻は、58万6300円（中高齢寡婦加算）が遺族厚生年金に加算される。

＊3　加入期間が300月未満の場合は300月と見なして計算する。

はあー、公的年金からは、いろいろな給付があるんですね。とにかく、老後、障害、遺族がもらえる。でも、金額的には、これで十分と思えるほどではないような……。

鋭い指摘です。社会保険は、加入者から集めた保険料と税金を使って困っている人（一定の条件を満たす人）に給付されるので、年金額には上限があり、いくらでもというわけにはいきません。最低限の生活を保障するという考え方です。とはいえ、障害者になったり、女性の場合、子どもを抱えて夫を亡くしたりしたケースでは、障害年金や遺族年金をもらえるメリットは大きいです。

えーっと、ここに「国民年金保険に入っている人は、障害者になったときは、2級なら、40年間国民年金保険料を収めたのと同じ金額の障害基礎年金がもらえる」っていうことが書いてありますよね？　で、厚生年金に入ってたら、障害厚生年金もさらに上乗せされるし、子どもや配偶者がいたら加算もあるってことですよね。やっぱり厚生年金の方が有利ってことか〜。

例えば障害年金って、いったんもらい始めたら、ずっともらえるんですか？

いえ、もらえるのは障害の状態が続いている間です。障害が回復する見込みがなく永久認定なら亡くなるまで障害年金をもらえます。障害の状態が変わるかもしれない有期認定なら、1〜5年ごとに「障害状態確認届」（診断書）を提出し、障害状態が該当すれば更新されます。

そうなんですね。まあでも、もし障害が良くなるんだったら、そっちの方がいいですよね。あ、それなら遺族年金は、いつまでもらえるんですか？　遺族年金もやっぱり期間に制限があるんですか？

図6　遺族年金と老後の厚生年金

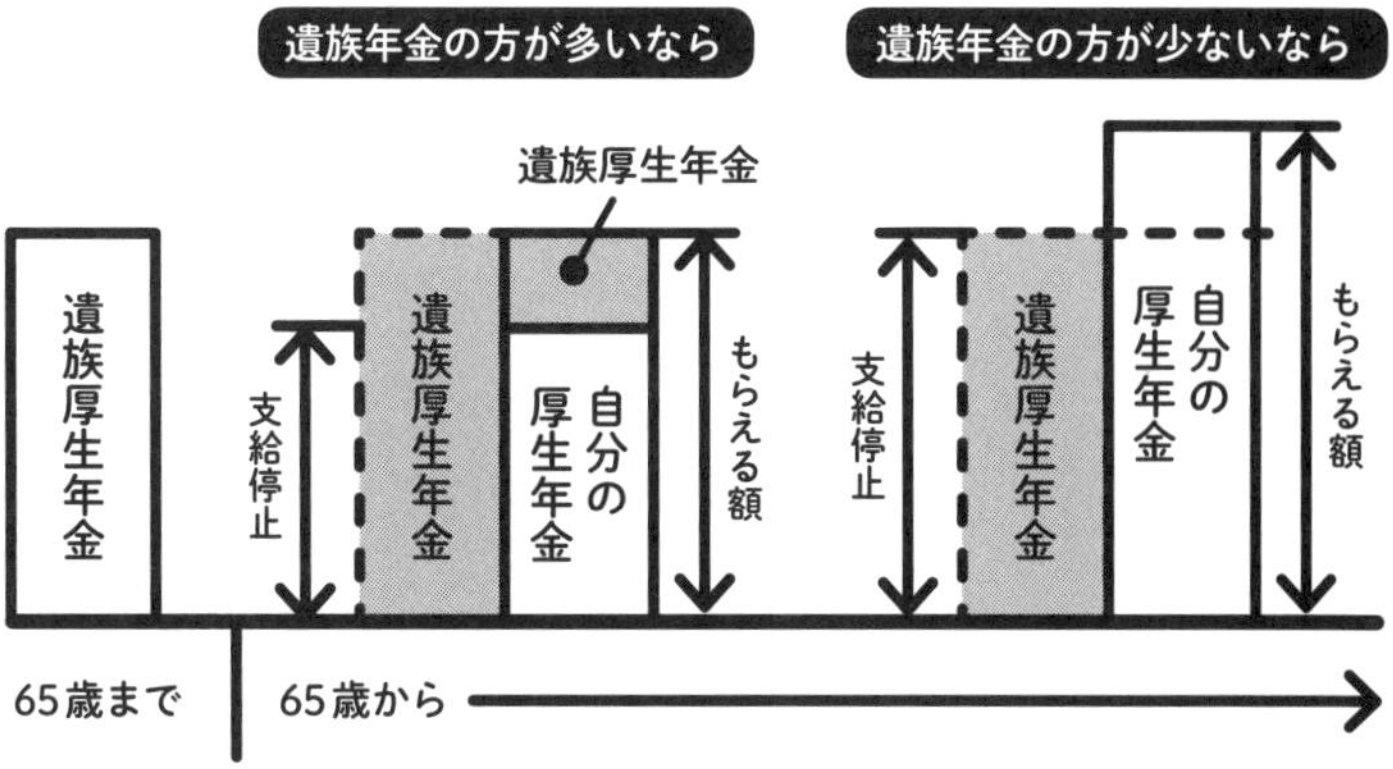

これは言葉よりも図の方がわかりやすいかな。まずはこの図を見てみてください。

遺族基礎年金や子どもの加算は、子どもが高校を卒業するまでです。そして遺族厚生年金は、子どもがいてもいなくても、もらえます。ただし、夫が亡くなったとき30歳未満で子どもがいない妻は5年間です。まだ若いから、将来いろいろな可能性があります。30歳以上の妻は、年収が継続的に８５０万円を超えたり、再婚したりするともらえなくなります。理由はわかりますよね。

う〜ん、もうお金に困らなくなってるからですか？

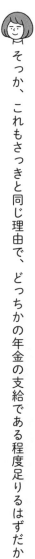

はい、そのとおりです。それ以外の人は65歳までもらうことができます。
そして65歳になって自分の老後の年金をもらい始めたら、遺族年金と比べて多い方の金額が上限になります。遺族年金と自分の老後の年金の両方をもらうことはできないんです。

そっか、これもさっきと同じ理由で、どっちかの年金の支給である程度足りるはずだから、ってことですか。

そういう設計になっています。老後は自分の厚生年金の方が少なければ、その分を遺族厚生年金で助けてもらえるわけですね。先ほど伝えましたが、**年金を含む社会保険というものは、あくまでも困っている人に給付をするという目的があります。**だから、年金を受給することでお金持ちになれるっていうわけではないんですよ。

そうなんですね、じゃあ、ざっくりといえば年金はやっぱり保険料を払った方がいいけども、あんまりそれを当てにしすぎてもいけないってことですか。

細々したことは覚えていなくても、それくらいの理解をしておけば、問題ないと思います。もし何かあったときには、年金事務所などで事情を相談するといいでしょう。適切な手続きの方法と、今後の支給額を教えてもらえますから。

わかりました！　難しいこともわからないし、専門家に聞くようにします！

6

国の年金って、老後はどれくらいもらえるんですか？

長生きするほど、たくさんもらえてお得

イザという時は、障害年金も遺族年金もありがたい仕組みですよね。ただ、大半の人は、無事に65歳になって老後の年金をもらうことになるでしょう。さっきも言った通り、老後の年金は生きている限りもらえます。つまり長生きするほど受け取り合計額が多くなり、お得なんです。

自分が払った保険料よりもたくさんもらえるんですか？

何歳まで生きるかによりますね。平均余命（それぞれの年齢で平均的にあと何年生きるかの目安）を超えて生きたら、かなりお得になるはずです。

じゃあ、老後の年金をもらう前に死んじゃったり、もらい始めてすぐに死んだりした場合は、どうなりますか？　損ってことですよね？　期間が短くなるから……。

老後の年金を総額でいくらもらえるかは、ざっくり年金額×もらった年数です。毎年の年金額は物価変動などにより多少の変動はありますが。早く亡くなった人には気の毒だけど、保険料を払った本人にとっては損ですね。ただし、遺族がいて条件を満たせば本人の代わりに遺族年金としてもらえます。長生きは幸せなことだけど生活費が尽きたら困るので生きている限り支給される、一方、早く亡くなって損をする人もいる、これでバランスがとれます。保険だから助け合いなのです。

じゃあ、私、長生きしたいなあ。さっき、年収２４０万円で40年間、厚生年金に加入した場合、老後の年金は国民年金と厚生年金の合計で年間約１３０万６０００円って教えてもらいましたよね。もし長生きして、65歳から95歳までの30年間もらったら……合計３９１８万円。ざっと４０００万円か。たしかに合計ではかなりの金額になりますね！

おおっ、素晴らしいですね！　その意気で計算をどんどんしていってください！　じゃあ

逆に、月々の支給額はどれくらいになると思いますか？

ええっと、年間約１３０万６０００円を12か月で割ればいいんですよね。……１か月あたりなら約10万９０００円か。あれ？　こんなものですか？　なんだか毎月もらえる金額としては、これで生活していけるか不安ですよね。

そうですね、これ以上を望むなら、公的年金を土台に、自分でも貯金をするなどして準備しておくことです。

なるほど。

ちなみに、老後にもらえる年金のうち基礎年金（国民年金の部分）の2分の１は税金です。加入者が払った保険料だけではなく税金も使われています。自分が払った税金が年金の一部になって戻ってくるとも言えます。だから、年金保険料を払わない人は、老後の年金や障害年金、遺族年金の権利がなくなるだけではなく税金も払い損ということです。

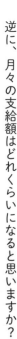

そうなんだぁ……。結局年金を逃れようとしても、何らかの形で年金に使われるお金は払ってるわけなんですね。それだったらいっそのこと、年金をしっかりもらえるようにした方がいいですね。

老後のために2000万円なんて、貯められません。

今の時点では、いくら貯めておいた方がいいかはわかりません

老後のための貯金のことで言えば、ちょっと前に「老後2000万円問題」なんてあったじゃないですか。「老後のために2000万円貯めておいてね」って国が発表したのに対して、みんなが「そんなのムリじゃん！」「どうしろっていうんですか？」っていう反発があったりして。実際私も、同感です。今50万円貯めるのでもヒーヒー言ってるのに、2000万円なんて！

ところで、あなたのおじいさんとおばあさんは、お元気ですか？

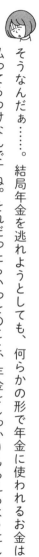

えっ？　はい、高齢ですけど元気ですね。それこそ年金をもらって暮らしています。

老後資金2000万円は、今の年金生活の高齢者が平均的にどれくらい生活費が足りていないかをもとに計算して出したものなんです。全国的な家計調査で、夫婦合計の公的年金では、毎月5万5000円不足しているというデータがありました。毎月5万5000円ということは年間では66万円。毎年66万円足りない状況が60歳から90歳ごろまでの30年間続いたら66万円×30年＝1980万円。よって2000万円というわけです。

もっと高度な計算で出てきたのかと思ったら、案外、単純なんですね。

単純でいいんですよ。掛け算すればいいだけですから。老後の生活費として公的年金では足りない金額×生きると思う期間＝自分で貯金しておきたい金額。さきほどの調査は毎年行われていて、年によって不足額も変化します。不足額が違えば、自分で貯金しておきたい金額も違ってきます。例えば毎月3万円なら年間36万円で、30年では1080万円。だいぶ少なくてすみますね。不足金額によって違ってくるってことです。

じゃあ、私の祖父母はああやって暮らしてるけど、毎月3万円なり5万円なりを、どうにか用意していたってことなのかなあ。それともやっぱり足りてなくて、苦しい思いをしてるのかな？　孫の私には見せてないだけで……。

貯金もされていたかもしれませんが、**仮にそれが2000万円に届いていない場合でも、必ず生活が苦しくなるというわけでもありません。**例えば実際に毎月1万円足りないとしたら、貯金を下ろすよりも節約する方を選ぶ人もいますよね。程度にもよりますが、ある程度の節約であればそこまで幸福度を下げずともできることがあります。

あっ、そうかも！　ていうか、そもそも80歳とか90歳とかになったら、飲み会とかブランドものの服とかも、バンバン買うって感じでもないですもんね。生活も質素になるし、それが心地よくなるのかもしれないなぁ。

なので、老後のためにどれくらい貯めておけばいいのかというのは、絶対に2000万円なきゃダメってことではなくて、老後どのように生活したいのか、そのイメージと数字を具体的に考えてみることが重要だということですね。

ん〜。でも、私できるなら貯めておきたい。老後になったら案外大丈夫なのかもしれませんけど、やっぱり老後も節約を気にしながら生きていく前提で考えるのは、ちょっと気が重いし……。そうすると、2000万円貯めなきゃいけないってことになるんですかね？

その前に、公的年金の金額について知っておいてほしいことがあります。さっき紹介したもらえる金額は、2020年時点の金額です。でも、年金額は毎年改定されます。

そうなんですか？　てっきり必ず毎月決まった金額が振り込まれるのかと思ってました！

例えば、物価が上がったときは、年金額もそれを考慮して上がります。そうしないと年金をもらって暮らしている人は、生活が苦しくなりますから。

物価が上がるってことは……例えば卵が1パック500円とか、1000円とかになるってことですよね？　それは確かに、カッチリ月10万円の支給額に決まっている中で、どん

どんそういう食べ物の値段が上がっていったら……すっごく困りますね。

ただ、物価と同じ程度年金も上がるとは限りません。上がり方が物価上昇より小さい状況が何年も続けば、その分、年金の価値は目減りします。一方、物価が下がったときは年金額も下がります。20年後、30年後の公的年金の金額や価値を予想することは難しいんです。

ええっ、じゃあさっきの「卵が1パック1000円」の未来になっても、支給額がぜんぜん増えてないってことがありうるってことですか？　それって私たち大丈夫なんですか？

つまり、あなたの場合は若すぎて、老後に公的年金をいくらもらえるか、今の段階ではわからないし、自分でも老後の生活費がいくらかかるのか想像がつかないでしょう。いくら貯めておいたらいいか計算するのは難しいのです。

わーっ、結局そんなざっくりした結論になっちゃうんですね……。う〜ん、私たちが年をとったとき、ほんとにちゃんと年金ってもらえるのか、やっぱり不安になってきました。大丈夫なのかなあ。

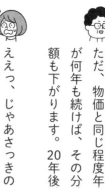

国の年金、ほんとにもらえるんですか？

もらえるけど、今よりは減る可能性あり

でもね、私は公的年金の担当者じゃないけれど、公的年金の制度がダメになって公的年金がもらえなくなることはないと思いますよ。年金制度を維持するために、いろいろな改正が行われてきました。5年に一度は、将来の年金の給付の見通しについて検証も行われています。そもそも、なんで年金をもらえないなんて話が出てきたんでしょう？

それは……、寿命が延びて高齢者が増えているのに、一方で、少子化で子どもの数が減っているからですよね？

その通りです。日本の公的年金制度は、現役世代が払う保険料で、その時の高齢者の年金を給付する「世代間仕送り方式」です。子どもの数が減れば、いずれ大人になって保険料

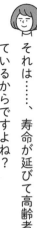

を払う現役世代も減ります。高齢者と現役世代を比べたとき、高齢者がどんどん増えてバランスが悪くなっている困った状況です。

やっぱり困ってるじゃないですか。解決方法はあるんですか？

はい。まず、かつて子どもの数が多かったころに集めた保険料の一部を運用して増やそうとしています。それから、保険料を納める人を増やすために以前は厚生年金に加入できなかったパートやアルバイトの人も条件を満たせば入れるようになりました。生まれてくる子どもの数が増えるよう、さっき（3章で）話したように子育て世帯への優遇もあります。

知らなかったなあ、対策は一応とろうとしているんですね。

そうです。そして、例えば今後、景気がよくなって株価が上がるとか、働く人が増えるとか、出生率が上がるとか、寿命の延び方が予想よりも小さいとか、いろいろなことの影響で公的年金の収支は違ってきます。国ではいくつかのパターンで今後どうなりそうかを試算して検証しています。その結果から考えると、年金はもらえるけど、年金制度を維持す

るために、将来の年金の水準が今の高齢者よりも下がる可能性はあるでしょう。

えー？　結局、答えはそれですか？　もらえるけど、減る……。じゃあ、老後資金は2000万円よりもっと貯めなきゃいけないんですか？

私たち、国の年金が少ないんですか？

老後の年金を増やす方法があります

そういうわけではありません。ここまで話した通り、将来、実際にいくら公的年金をもらえるかは今の段階ではわかりません。でも、若い人ほど、自分の努力で公的年金を増やせる可能性もあるんです。国もあれこれ対策をとっていますが、個人的にも公的年金を増やす方法があります。

どうやって？

１３３ページで、国民年金、厚生年金それぞれの、もらえる年金の額を説明しました。まず国民年金の満額を確保するには40年間加入すること。40年に満たない場合、状況によっては国民年金保険料の追納※や、60歳以降の任意加入ができます。次に厚生年金は、給与が増えれば老後の年金も増えるので、少しでも給与が増えるよう頑張って働くこと、仕事を辞めないことです。給与が増えれば、現役時代の生活も豊かになりますし、老後の年金も増えるんです。これをモチベーションにしてください。

お給料、増えるかなあ。お給料がいくら増えたら、老後の年金がいくら増えるっていう目安があれば、少しはやる気も出ますけど。

目安なら出せますよ。さっき紹介したのは、年収２４０万円で40年間働いた（厚生年金に加入した）ケースでした。お給料が上がって、40年間の平均年収が３６０万円になったとしたら、老後の年金額は１５６万９０００円になります。月あたりは約13万円。あくまでも２０２０年時点での計算結果です。

それってどうやって計算しているんですか？　自分では計算できないんですか？

できますよ。私が紹介した数字は、公的年金の計算式を使って出したものです。この計算式を使ってもいいけど、もっと簡単に、1人1人の状況に合わせて将来の受取額をシミュレーションすることもできます。「**ねんきんネット**」は使ったことがありますか？

えっ、「ねんきんネット」？　聞いたことがないですね……。

毎年、お誕生日の頃に「ねんきん定期便」というハガキが届きますよね。ハガキにアクセスキーが記載されているので、それを使って自分の年金のページにログインできるのが「ねんきんネット」。今後の働き方や給与を想定して受取額のシミュレーションができるんです。過去の加入履歴も確認できるので、さっきお話しした国民年金保険の未納期間があるかどうか、追納できるかもわかりますよ。

あっ、なんかそういうハガキ届いてたかも。でも中身しっかり見たことなかったですね。次に届いたらさっそく「ねんきんネット」にログインしてみます。

ねんきんネットでこれからの働き方や収入の予定を入力してシミュレーションすれば、現時点での年金の見込み額がわかります。後は老後の生活費をどう設定するか。

そっか。老後の生活費、いくら使うのかな？　計算は簡単だけど、その計算のもとになる数字をいくらにするか、こっちの方が難しいですね。決めたとしてもあくまで仮定だし。

若い人ほどそうなんです。50代以降なら、具体的な数字を予想しやすいんですけどね。結婚はしたいんですよね？

いつかは、そのつもりです。

結婚して共働きで、老後は夫婦で厚生年金をもらうなら、かなり有利ですよ。仮に夫婦同じ収入だとすると、さっきの40年間の平均年収が360万円の場合は、2人合わせた年金額は313万8000円。月当たり26万1500円です。会社員で退職金が出るなら、退職金も老後資金として使えます。**私の家計相談の経験では、共働きのご夫婦は、2人分の**

厚生年金で生活費をまかなえるケースもあります。現在の高齢者夫婦は、元会社員の夫と元専業主婦の妻の組み合わせが多いようですが、数年前に共働き世帯が専業主婦世帯を超えて逆転しました。今後の主流は共働きで、老後は厚生年金をダブルでもらう世帯が増えるでしょう。

共働きなら、2000万円より少なくてすむかもしれませんね。

一人なのか、結婚しているのか、厚生年金がいくら出るか、退職金があるか、持ち家で住宅ローンが終わっているか、賃貸か、親からの相続が期待できるか。それぞれに状況が違いますから、貯めておきたい金額も違ってきます。年金をもらいながら、元気な間は働いて、足りない分を稼ぐという方法もありますよ。

いくら貯めておいたらいいかは、これからの人生にもよるし、自分で考えるしかないってことですね？

そうです。現時点ではいくらと決められないけれど、だからといって何もせずに老後が近

くなってから慌てるようでは困ります。これから結婚資金に子育て資金、住宅を買うなら頭金を貯めなければなりません。現役時代の大きな支出を準備しながら、できる範囲で老後資金を貯めることも始めましょう。老後資金を貯めるのに税金面などでお得な口座や金融商品があるので活用してください（詳細は5章）。

それから、老後資金を貯めるときに考えてほしいことがもうひとつあります。お金の使い方のところで特別支出の話をしましたよね。家電製品の買い替え、旅行、持ち家ならリフォーム費用など、月々の収入では賄えない支出が老後もあります。この分も入れてください。

わかりました。貯めておきたいのは、生活費の不足分＋特別支出ですね。特別支出はどれくらいの金額が目安ですか？

これまた人それぞれで……。家電の買い替えや旅行くらいなら数十万円ですけど、住宅のリフォームなら数百万円かかるかも。有料老人ホームに入りたいなら施設によってはもっと高いです。何を望むかにより300万円から2000万円くらいでしょうか。

ずいぶん幅がありますね。う〜ん……。先の話なので、これからゆっくり考えます。

そうですね。これから簡単でいいので家計簿を付けて収支を把握しながら生活していけば、毎月の生活費はこれくらい、特別支出は年間これくらいという目安がわかってきます。いずれ親の老後生活を子どもの立場から見守ることにもなります。少し先のことを意識しながら家計をやりくりするのがポイント。「ねんきん定期便」は毎年ちゃんと確認し、ときどきは「ねんきんネット」で将来の年金見込み額をシミュレーションしておきましょう。そうしているうちに、だいぶ先にはなると思うけど、老後生活のイメージやこうありたいという考えもまとまってきて、そのために〇〇〇万円貯めておこうという具体的な目標額も決まってくると思いますよ。

かいせつ　国民年金保険料の追納と任意加入

- **国民年金保険料の追納**……国民年金保険料の納付期間は2年間。もし未納の保険料があれば過去2年まではさかのぼって追納できる。経済的な理由で保険料の支払いが難しい場合は、申請をすることで保険料を免除してもらえる。免除される割合は所得に応じて全額、4分の3、半額、4分の1。その分、老後に受け取る年金額が減る。免除された保険料は10年以内なら追納ができ、追納することで年金額を回復できる。

●**国民年金の任意加入**……加入期間が40年に満たない人は、60歳以降も65歳まで自分の意思で国民年金に加入できる。これを任意加入という。

貯金ないけど、保険は入っておいた方がいいですよね？

社会保険で、かなりの部分をカバーできます

最近、近くに保険ショップができました。日曜日に通りかかったら、相談している人がたくさんいて……。「年金の一部は保険のような役割がある」って、さっき先生から教えてもらいましたけど、それだけで実際大丈夫なんですか？　やっぱりフツーの保険って私も入った方がいいんですかね。貯金ほとんどないし、何かあったらどうしよう？

何かって、具体的にはどんな状況をイメージしてますか？

実は最近すごくびっくりしたことがあって……。高校の先輩が乳がん検診でひっかかって、精密検査を受けているんです。私と2歳しか違わないから、自分だって何が起こるかわからないと思いました。交通事故にあって大けがで入院するかもしれないし……。

起きる確率は低いけど、起きたら大変なことになる。そんな事態に備えるのが保険です。何事もなければ保険料は掛け捨て、でも大変なことが起きたときは、払った保険料以上のお金を受け取れる。だから、病気やケガなどの医療費に備えるために保険を考えるのは正解！　ただし、保険には2種類あって、入る順番があります。

順番？　最初に入った方がいい保険はなんですか？

社会保険です。もうちゃんと入っていますよ。年金のところで、公的年金は社会保険のひとつだと説明しました。社会保険には、公的医療保険もあります。健康保険料を給与から天引きされていますよね。あれです。日本では公的医療保険は強制加入で、生まれたら親族に扶養される形ですぐに入り、亡くなるまでそれぞれの立場で入り続けます。保険は社会保険と民間保険の2種類。社会保険は全員が入るもの、保険ショップなどで取り扱う民間の保険は、社会保険では足りない部分を補うために、それぞれの人が任意で入ります。

そうなんですね、じゃあ社会保険だけでは基本的に足りなくなっちゃうから、みんな入ってるってことですか？

そうでもないんですよ。通常、健康保険の対象になる医療費は、自己負担3割ですよね。おかげで、ちょっとした風邪とか捻挫とか虫歯などだったら、自己負担は数千円程度です。

図7　高額医療制度

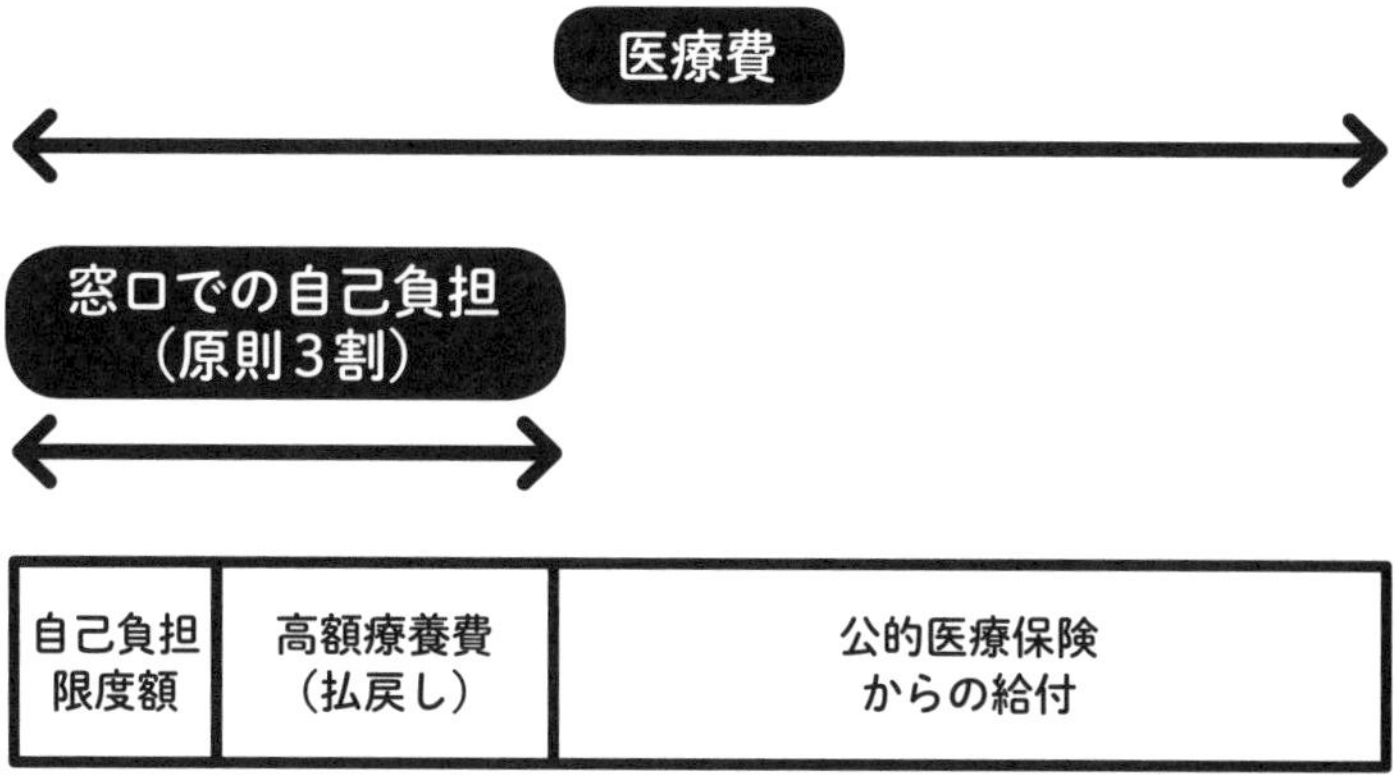

ただし、病気やケガが重くて手術とか入院になれば、そもそもの医療費が数十万円とか場合によっては100万円を超して、その3割もかなりの高額になります。確かに心配ですよね。でも実は、そういうときのために「高額療養費制度」があり、収入に合わせた一定額の支払いで済むんです。

高額療養費制度？

知らない人が多いので、公的医療保険と高額療養費制度について説明しましょう。

かいせつ

75歳未満の人が入る公的医療保険は2種類

- **国民健康保険**……個人事業主など健康保険の加入者ではない人が入る。運営者は自治体。保険料は所得などにより異なる。医療費の自己負担は原則3割。就学前の子どもや70代前半の人は原則2割。
- **健康保険**……会社員・公務員・私立学校の教職員が入る。パートやアルバイトの人も、厚生年金と同様に、1年以上働く予定で、週に20時間以上勤務し、1か月の給与が8万8000円以上などの条件を満たせば加入する。運営者は、大企業は組合健保、中小企業は協会けんぽ、公務員や私立学校の教職員は各共済組合。保険料は、給与を等級化した標準報酬月額に保険料率をかけた金額。保険料率は、運営者により異なるが10％前後。これを勤務先と半分ずつ払うので、自分で払うのは5％程度。厚生年金保険料と合わせて給与から天引きされる。医療費の自己負担は原則3割。運営者によっては上乗せの給付があり自己負担が軽くなる。就学前の子どもや70代前半の人は原則2割。加入者に扶養されている家族は、収入などの要件を満たせば被扶養者として健康保険に加入できる。

※75歳以上の人は、「後期高齢者医療制度」に加入する。運営者は各都道府県による広域連合。保険料は所得などにより異なる。医療費の自己負担は原則1割。

● **高額療養費制度**……公的医療保険に加入する人が利用できる。

1か月（各月の1日から末日まで）あたりの医療費が自己負担限度額※を超えたら、超えた分を返してもらえる。利用するには加入する公的医療保険に申請書を提出する。

6

病気やケガで入院したときの医療費が心配です。

収入により、月あたりは6万円程度や8万円程度ですみます

医療機関で治療を受けて医療費を払ったとします。原則、大人は3割です。**この金額が1か月あたりの自己負担限度額を超えた場合は、超えた分を払い戻してもらえるのが高額療養費制度です。**手続きが必要なのでちょっと面倒ですが、入院や手術で高い医療費がかかったときは、相当お得になるので、必ず申請してください。

自分で払う分の自己負担限度額はどれくらいですか?

収入と、かかった医療費によって異なります。表5を見てください。標準報酬月額という言葉は公的年金のところでも出てきました。給与を等級化したもので、例えば基本給に通勤手当などを加えた1か月の総支給額が25万円以上27万円未満の人は標準報酬月額は26万

円です。標準報酬月額が26万円以下の人は、1か月の自己負担限度額が5万7600円。自分で払うのは1か月5万7600円までていい。これ以上かかったときは超えた分を高額療養費として払い戻してもらえるのです。会社員は表の上から3番目の標準報酬月額50万円までの人が多いので、月当たりは高くても8万円ちょっとまでのケースが多いようです。

私、26万円のところに当てはまりです。高くても6万円弱でいいってことですね。収入が多い人ほど自己負担限度額も高くなるんですね。多数該当とは何ですか？

医療費が高い状況が1か月だけではすまなく

表5　自己負担限度額（69歳以下の人　2020年11月現在）

	1か月の自己負担限度額	多数該当＊の自己負担限度額
標準報酬月額 83万円以上	252,600円＋（医療費－842,000円）×1%	140,100円
標準報酬月額 53万円～79万円	167,400円＋（医療費－558,000円）×1%	93,000円
標準報酬月額 28万円～50万円	80,100円＋（医療費－267,000円）×1%	44,400円
標準報酬月額 26万円以下	57,600円	44,400円
低所得者（住民税が非課税など）	35,400円	24,600円

＊多数該当は、直近の1年間に3ヵ月以上の高額療養費の支給を受けている場合に4ヵ月目から自己負担限度額が軽減される制度

て、３か月以上高額療養費の支給をうけたときは４か月目から自己負担限度額が下がるのが多数該当です。あなたの場合、４か月目からは４万４４００円まででいいということです。

病気が長引いた時は助かりますね。

がん治療も、現時点でできる最良の治療である「標準治療」は公的医療保険が使えますし、もちろん「高額療養費制度」も利用できます。健康保険料は決して安くはないですよね。会社員なら給与の５％くらい毎月払っているんだから。まず、社会保険からもらえる給付をしっかりもらうことです。もったいないことに高額療養費の対象なのに申請されていない分が相当な金額になるらしいです。

毎月、お給料からあれこれ引かれてる……と思っていたけど、そういう状況になったら必ず申請します。

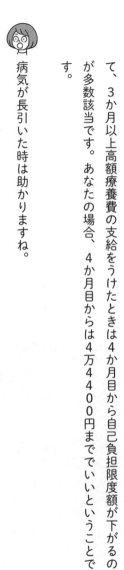

高額療養費をもらえるなら、お金の心配しなくていいですか？

社会保険は最低保障、自分のお金も必要です

まず窓口で医療費の3割を払って、申請すれば、自己負担限度額を超えた分が戻ってきます。3か月程度かかるようです。

いったんは自分で払うんですね。戻るまで3か月か。

高額療養費を受け取るまでのつなぎとして**「高額医療費貸付制度」**で、**「高額療養費支給見込額の8割相当」の貸付が受けられます。**入院などで高額になることがわかっているときは、事前に「限度額適用認定証」をもらっておけば、窓口では自己負担限度額の支払いで済みます。いずれも申請が必要です。

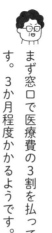

給付を受けるには、とにかく自分から申請しなきゃいけないってことですね。

申請先は加入する健康保険です。それから、1か月は、入院した日から1か月ではなく、各月ごとなので注意してください。月をまたいで入院し、合計の医療費では限度額を超えても、各月の医療費が限度額以下なら対象になりません。

なるべく月初めに治療を始めた方がいいってこと？

可能なら……。高額療養費は世帯で合算もできます。子どもが生まれて、子どもを健康保険の被扶養者にした場合などです。同じ健康保険に加入する人なら、同じ世帯の複数の人が同じ月に病気やケガで医療費を使ったとか、1人が複数の医療機関で治療を受けたとか、ひとつの医療機関で入院と外来で受診したなどで、合計が自己負担限度額を超えた場合は高額療養費の対象となり、超えた分の払い戻しが受けられます。高額療養費制度は頼りになるけど、手元に自分のお金が全然ないのは困ります。

そういえば、出産のときは給付があるという話（3章）でしたよね？　あれも公的医療保険からですか？

はい。出産時には国民健康保険や健康保険から、一児につき42万円の出産育児一時金が支給されます。会社員で健康保険の加入者なら、産前産後の休暇中に会社から給与がもらえないときは、休んだ日数に応じて出産手当金も支給されますよ（124ページ参照）。健康保険は勤務先を通して入るので、給付を受けられるときはまず勤務先に相談してください。手続きは会社を通して行うものと加入する健康保険に直接書類を送るものがあります。

自分で負担する分が減ったり、減ったものを補ってくれたりする感じですね。

公的年金のところでも話した通り、社会保険は人間らしい生活のための最低保障です。それ以上を望むなら民間の保険を追加することになります。民間の保険にも加入するなら、その分、保険料の負担が増えますから、必要な分だけに絞ること。**若い人が民間保険で最初に検討すべきは、子どもが生まれたときの、親の死亡保険です。**

親って？　夫のこと？　私のこと？

夫と、妻のあなた、両方です。共働きなら妻が亡くなった場合も経済的な損失は大きいです。それに、残された夫は1人で仕事と子育てを両立しなければなりません。逆の場合も同様ですが、お金に余裕があれば、シッターさんや家事代行を利用して乗り越えやすくなります。ネットで入れる割安な保険がいろいろあるので、検索して、比較検討してください。自営業の場合は遺族年金が少ないので、子どもが生まれた後の民間の死亡保険は、より真剣に考えてください。

かいせつ **子どもが生まれた後に検討したい民間の死亡保険とは？**

- **定期（死亡）保険**……10年などの一定期間加入する。加入期間中に被保険者が死亡すると死亡保険金が一括で支払われる。保険料は掛け捨て。
- **収入保障保険**……60歳までなどの期間を決めて加入する。加入期間中に被保険者が死亡すると死亡保険金が年金形式で支払われる。保険料は掛け捨て。

わかりました。医療費については、民間の保険に入る必要はありませんか？

貯金をもう少し増やしてからでいいかも。民間の医療保険も、入ってさえいれば何もしなくても保険金がもらえるわけではありません。医者の診断書などを添えて自分で保険金を請求しなければなりません。いったん医療費を支払って、退院後に落ち着いてから手続きを行うことになるでしょう。医療保険に入っていても、病気やケガのときは、まず自分のお金から払い、後で補填する形になります。やっぱり貯金が必要なのです。

そういうことですか。やっぱり貯金がない状態から1日も早く脱する方が先ですね！

私、働けなくなったら、本当に人生詰むんですが……。

まだある社会保険からの給付！　いざとなったら使い倒そう

毎日働いているから、貯金ゼロでも何とか生きているけど、なんかの理由で働けなくなったら、本当に私の人生おしまいだと。貯める計画は立てたけど、ある程度の貯金ができるまでには時間がかかりますよね？　どうしよう？

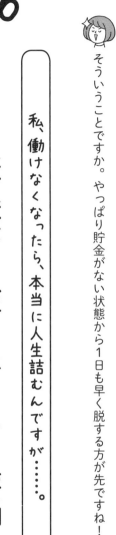

まだ説明していなかったけど、給与から保険料を天引きされている社会保険には、**雇用保険**もあります。雇用保険からは失業したときなどに給付を受けられます。雇用保険の説明の前に、社会保険の全体像を把握しましょう。

公的年金と公的医療保険についてはすでに説明しました。40歳以上になると公的医療保険とセットで公的介護保険の保険料も払うようになります。この3つについては、個人事業主も会社員も同じです。会社員の場合は、さらに雇用保険と労災保険にも加入します。雇用保険の保険料は会社でも払ってくれますが、一部を自分でも払います。普通の職業なら保険料は標準報酬月額の０・３％（建設業などは０・４％）。年金や医療に比べるとかなり安いです。労災保険の保険料は全部会社持ちなので自分で払う必要はありません。ということで、会社員が給与から天引きされるのは、公的年金保険、公的医療保険（40歳以上になるとこれに公的介護保険もセット）、雇用保険です。

雇用保険って、いわゆる失業保険と呼ばれるものですか？

表6　日本の社会保険制度

公的年金保険	• 20歳〜60歳のすべての人が国民年金に加入 • 雇われて働く70歳未満の人は厚生年金に加入 • 原則65歳から老後の年金を支給 • 障害給付、遺族給付もある
公的医療保険	• 日本に住むすべての人が加入 • 医療の現物給付 • 出産育児一時金などの現金給付も一部ある
公的介護保険	• 40歳以上の人が加入 • 介護サービスの現物給付 • 原則65歳以上で支援や介護が必要な人が対象
雇用保険	• 雇われて働くすべての人が加入 • 失業したとき、教育訓練を受けたときに給付
労災保険	• 労働者を使用するすべての事業所が加入 • 労働災害が発生したとき、労働者等に給付

そうです。**正社員だけではなく、31日以上働く見込みがあればアルバイトやパートも加入できます。**失業したら基本手当（失業給付）をもらえますから、これを次の仕事が見つかるまでの生活費に充てられます。失業の理由、年齢、雇用保険に何年加入していたかにより、給付日数が違います。やめる前の給与をもとに１日あたりの「基本手当日額」を計算し、それを自分に当てはまる日数分を上限にもらえるんです。表を見てください。

けっこう細かく分かれてますね。私はどこに当てはまるんだろう？　自分でやめた場合は90日、倒産などの場合は１２０日。つまり……、3か月から4か月はもらえるんだ。

ざっくり、自分の都合でやめるより会社の都合（倒産や解雇）でやめた方が、年齢が高い方が、勤務期間が長い（雇用保険加入期間が長い）方が、もらえる日数が多くなる仕組みです。１日あたりの給付額は、やめる前の給与をもとに計算するから、原則もとの給与が高い人の方が高くなる傾向はあるけど、給付率で調整が行われます。上限額や下限額も決まっています。手取りが17万円ということは額面では20万円ちょっとですよね。１日あたりの給付額は多分５０００円くらいになると思います。

表7　基本手当をもらえる日数

定年、契約期間満了、自己都合の退職

雇用保険の加入期間	10年未満	10年以上20年未満	20年以上
65歳未満	90日	120日	150日

倒産、解雇、雇止めによる退職

<table>
<tr><th>雇用保険の加入期間</th><th>1年未満</th><th>1年以上5年未満</th><th>5年以上10年未満</th><th>10年以上20年未満</th><th>20年以上</th></tr>
<tr><td>30歳未満</td><td rowspan="5">90日</td><td>90日</td><td>120日</td><td>180日</td><td>—</td></tr>
<tr><td>30歳以上35歳未満</td><td>120日</td><td rowspan="2">180日</td><td>210日</td><td>240日</td></tr>
<tr><td>35歳以上45歳未満</td><td>150日</td><td>240日</td><td>270日</td></tr>
<tr><td>45歳以上60歳未満</td><td>180日</td><td>240日</td><td>270日</td><td>330日</td></tr>
<tr><td>60歳以上65歳未満</td><td>150日</td><td>180日</td><td>210日</td><td>240日</td></tr>
</table>

1日5000円ってことは30日＝1か月で15万円。これなら何とかなるかも。私の場合、自分の都合でやめたら90日だから合計は5000円×90日……45万円、会社の倒産だったら120日だから合計は5000円×120日は60万円！

一度に全部の日数分をもらえるわけではありませんよ。4週間に1回ハローワークに行って、まだ仕事が見つからないという失業の認定を受け、認定された日数分が振り込まれます。仕事が見つかるまで繰り返して最長で90日か120日まで。注意点は、自分の都合でやめた場合は、もらえるまで待機期間があり、3か月ほど待たなければいけない点です。

図8　1日あたりの給付額（賃金日額）

賃金日額 × 給付率 ＝ 基本手当日額

賃金日額：辞める前の6か月の給与の合計を180日で割った金額

給付率：50%～80%（給与が低いほど給付率が高くなる。上限額・下限額の定めがある）

待っている3か月の間に仕事が見つかったら、もらえないんですか？

そうです。仕事が決まれば、また給与が入ってきますから。一方、雇止めに合うなど会社都合の場合は、1か月ほどで給付が始まります。

解雇された場合でも1か月はかかるんだ！　生活費の1か月分は何が何でも持ってなくちゃいけないお金なんですね。自分からやめたら3か月待ち。最初に生活費の3か月分を貯める目標を立てたけど、その意味を実感しました。

仕事をやめることになったら、すぐに手続きしてください。受給できる期間は離職日の翌日から1年以内です。基本手当の給付が始まった後でも、仕事が見つかって再就職したら支給は中止になります。本人に働く気があって、働ける健康状態なのに、仕事を得られないことが受給の条件。もし、受給期間内に、病気やケガ、妊娠・出産・育児（3歳未満）・不妊治療、親族の介護などですぐに働けない状態が30日以上続いたら、受給期間延長申請を出しておきましょう。最長で3年間延長され（合計4年間）、病気やケガが回復してから受給できます。

6

病気やケガで働けなくなったら、仕事をやめるしかありませんか？

仕事はやめないで。健康保険から傷病手当金をもらえます

ちなみに倒産とかじゃなくて、もし病気やケガで働けなくなったときは、仕事はやめるしかないんですよね？

病気やケガで働けなくて仕事を休んだら、健康保険から傷病手当金が出ることは知っていますか？

傷病手当金？　そういえば人事部の人から聞いたことがあるような……。

会社員や公務員が病気やケガで働けず仕事を休んで給与がもらえないときは、健康保険から給与の3分の2程度を日割りで休んだ日数分もらえます。連続して3日以上休んだら4

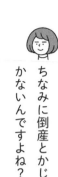

日目から対象になり、最長1年6か月まで。**給与をもらえなくても、傷病手当金をもらうことで会社に籍をおいたまま治療ができます。だから仕事をやめることはありません。**健康保険から出る傷病手当金は、うつ病などの精神疾患も対象です。最近は仕事のストレスなどから精神疾患を患う人が増えていますが、そんな場合もすぐに仕事をやめたりせずに、傷病手当金をもらいましょう。がん治療のために仕事を休んで傷病手当金をもらっている人もけっこういるんですよ。症状が落ち着いたり回復したりしたら、また職場に戻ることができます。病気やケガの原因が仕事や通勤中にあり、労働災害に認定されたら、健康保険ではなく労災保険から、治療費や休業補償が受けられますよ。この場合も仕事をやめる必要はありません。体や心を休め、体調が回復したら、仕事に復帰すればいいんです。個人事業主が加入する国民健康保険には傷病手当金にあたる制度はなく、労災にも加入できないので、このふたつは会社員の特典でもあります。

それから、公的年金のところで紹介した障害年金は、医師による精神障害の診断があれば受給できる可能性があります。こちらは会社員、個人事業主どちらももらえます。

そうだったんですね。仕事をやめたり、仕事を休んだりしても、もらえるお金があることがわかって、少し心がラクになりました。でも、これまで紹介してもらった給付は、どれ

も手続きしなきゃもらえませんよね。

当たり前です。社会保険から給付を受けるには、必要な書類を揃えて申請する手間がかかるし、給付まで時間がかかるものが多いけど、毎月保険料を払っていざというときに給付を受けられる権利をせっかく持っているんだから、面倒なんて思っちゃいけません。お金が足りないからと、安易にクレジットカードでキャッシングしたら、簡単にすむけど、リボ払いのところでも話した通り金利がとても高いです。金利の高い借金を抱えた状態では、お金はいつまでたっても貯まりませんよ。

何かあったときは、勤務先や、健康保険や、自治体に相談して、とにかく手続きをして、社会保険からもらえるものをもらう！

必要な書類を揃えて出せばいいんです。自分だけで大変な時は職場の同僚や仲良しの友達にも手伝ってもらいましょう。人生そう簡単には詰んだりしません。

第5章

これからの年収の増やし方を考えよう

【稼ぎ方編】

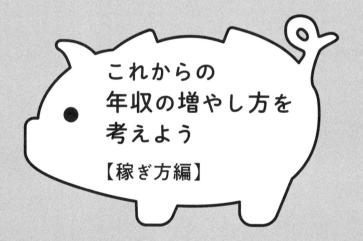

6

スキルなし、自信ゼロの私でも、まだ収入を増やせますか？

目に見えない資産は1億円!? 年収アップを目指そう

お金を貯めて、自分のやりたいことを実現するには、やっぱり収入は多いに越したことはないですよね。あと10万円、給料が高かったら、100万円くらいすぐに貯まるのに！ でも私、お金もないけど、特別なスキルもない、だから自信もない……。こういう人間が収入を増やすのって、どうしたらいいんでしょうね？

何も持ってないわけではありませんよ。今、持っているものから、確認しましょう。けっこうたくさん持っているのが……、時間です。

時間？

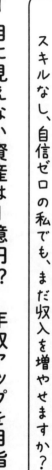

時間が過ぎて行くことで、今はまだお金になっていないものがお金になります。お金になる代表的なものが仕事の能力。例えば、今の時点で持っている仕事の能力で、手取り年収200万円を稼いでいるとします。この人が仕事の能力を使って10年間同じ年収を維持できたら、200万円×10年＝2000万円のお金になります。40年なら、200万円×40年＝8000万円。年収が同じなら、期間が長くなる＝長く働けるほど、稼げるお金の合計は多くなります。**時間を持っている人は、目には見えていないけど、お金になる可能性を自分の中に持っているということです。**

多いとは言えない年収でも、積み重ねれば、けっこうな金額になりますね。でも、途中で仕事をやめちゃったら、その後はお金にはならないわけじゃないですか。お金が欲しかったらもっと働き続けなきゃいけないんだ。これってシビアな気が……。ふつう、何歳まで働くものですか？

今40歳未満の人たちは、70歳まで働くのが当たり前になるかもしれません。

70歳？　そうすると私、あと40年ちょっとは働くことになりそうです。

会社員の場合、60歳定年という会社が多いです。でも実際には、定年後も継続雇用という形で65歳くらいまで働き続けるのが一般的になっています。公的年金をもらえるのは原則65歳からだからでしょうか。日本は少子化で働く人が足りない状態が続くことが予想されているので、70歳まで働ける環境作りが進められています。

そんなに長いこと働くんだったら、少しは能力が上がって、収入も増えそうだけど……。もし、年収が50万円増えて250万円になったら、40年働き続けると、250万円×40年=1億円！　こんなに稼げるかもしれないってことですか？

働き続ければ可能性ありです。収入がもっと増えれば、働く期間を短くしても、同じ金額を稼げることになりますよ。

収入がもっと増えて、働く期間が同じなら、もっとたくさん稼げるんですよね！　もし、年収350万円で40年働いたら、350万円×40年=1億4000万円！　収入増やせないかな、無理ですか？

仕事の収入を増やすには、仕事の能力を上げることでしょうね。「私、能力が上がったかも」と自分で思うだけではなく、勤務先に認めてもらわないと。時間があるということは、その間に経験や訓練を積めますから、能力を上げられる可能性は充分あると思いますよ。

資格を取りたくてもお金がない。

会社員の特典である雇用保険の給付金を活用しよう

仕事の能力って、わかりにくくないですか？　営業だったら、何件契約を取ったとか、数字で出てくるけど……。私は事務方なので、結局お給料も課で横一線なんですよね。

数字に出ない仕事でも、見る人によっては、ちゃんとその人の能力を見極めているとは思いますけど……。ミスが少ないとか、仕事が早いとか。

やっぱり資格かなあ？

資格を取ったら、すぐに収入が増えるほど甘くはないですよ。でも、ないよりはいいかも。合格するために勉強して知識も増えるし、「○○に関して、このレベル」という証明になります。会社によっては業務に関連する資格を取れば資格手当が出るところもあるようです。そもそも資格がないとできない職種もあります。将来的に、こんな仕事をしたいとか、こういう方向に進みたいという希望があるなら、必要な資格を取っておくのもいいかもしれません。

ですよね。実は簿記やＩＴ系の資格に興味があるんです。友達が取ってて、それで転職も成功したって。でも私、資格を取りたくてもお金がない……。

そうでした。安くすませるには、テキストと過去問題集だけ買って独学で頑張る手もあります。資格取得のための講座を受けるなら、それなりの費用がかかりますね。中には、受講しないと取れない資格もありますね。

資格を取るにもまずお金を貯めなきゃいけない！

勉強するための費用を助けてくれる仕組みがあるので、これもぜひ活用してください。社会保険のひとつに雇用保険があることをお話ししましたけど、覚えていますか？

はい。失業したときに給付金をもらえるんでしたよね？

そうです。失業時以外にも、対象となる講座を受講すると給付金をもらえるのが「**教育訓練給付金**」の制度です。雇用保険に入って1年以上たったら利用できます。その後は、3年以上で利用できるので、その気になれば3年あけて何度も給付が受けられます。給付額は一般的な講座なら、受講費用の20%、上限10万円です。

へぇ〜！　20%は大きいですね！　雇用保険ってそんなお金も出してくれるんだ。

簿記なんかは対象の講座にありそうですよね。でもＩＴ系の資格みたいな、今どきの資格の講座って対象なんですか？

簿記もＩＴ系もありますよ。医療や介護、保育、商業実務、語学、デザインなどまで幅広いです。ネットの「教育訓練講座検索システム」やハローワークで検索できます。雇用保険は厚生労働省の管轄なので、厚生労働大臣の指定を受けた講座です。通学だけではなく、通信講座やEラーニングもあります。講座の終了後、1か月以内に住所を管轄するハローワークで申請します。

まず受講料の全額を自分で払って、終わったら一部が給付金で戻ってくるってことですか？

そうです。仕事に結びつきやすい資格は給付額が高くなります。資格がないと業務を行えない介護関連の講座や、レベルの高いＩＴ系の講座は、「特定一般教育訓練」として給付額が費用の40％、上限20万円に上がります。さらに看護師などの養成施設や専門学校、専門職大学院などで学んだ場合は、「専門実践教育訓練給付金」として、費用の50％、1年あたり40万円（最大3年で120万円）が支給されます。「専門実践教育訓練給付金」は、1年以内に就職すると20％追加されて70％（最大3年で168万円）になります。失業中

に、この「専門実践教育訓練」を受講すると、「教育訓練支援給付金」として、雇用保険からの基本手当が上乗せされるケースもあります。

そっか〜。じゃあ最初にある程度貯金がないとダメですね。3か月分の貯金で50万円を目指すって目標でしたけど、もし講座を受けるとなったら一瞬でなくなっちゃうなあ……。

お金がなくなる、というよりは、お金を自分のスキルに変えると考えた方がいいですね。安直に言えば、「自己投資」ってやつです。結果として能力が上がって収入が増え、増えた収入が使ったお金以上なら、自分への投資が成功したということ。資格の種類などはよく考える必要がありそうです。雇用保険は、正社員のみならず、契約社員やアルバイト、パートなどの非正規雇用の人も条件を満たせば加入できます。自営業者は雇用保険に入れないので、会社員の特典みたいなもの。雇用保険に入っているなら、ぜひ教育訓練給付金を活用したいですね。では、教育訓練給付金についてまとめておきましょう。

かいせつっ　雇用保険の教育訓練給付金

- **一般教育訓練の教育訓練給付金**……雇用保険に1年以上加入すると1回目、その後

は3年以上加入すると2回目以降の給付を受けられる。給付額は費用の20%、上限10万円。簿記などの一般的な講座

●**特定一般教育訓練の教育訓練給付金**……雇用保険に1年以上加入すると1回目、その後は3年以上加入すると2回目以降の給付を受けられる。給付額は費用の40%、上限20万円。訓練前キャリアコンサルティングの受講が必須。資格がないと業務を行えない介護関連など、指定された講座

●**専門実践教育訓練の教育訓練給付金**……雇用保険に2年以上加入すると1回目、その後は3年以上加入すると2回目以降の給付を受けられる。給付額は費用の50%、1年あたりの上限40万円（最大3年で120万円）。終了後、1年以内に就職して雇用保険に加入すると費用の70%、1年あたり上限56万円（最大3年で168万円）に増額される。看護師、調理師、保育士、助産師などの業務独占資格の取得を目標とする養成施設の課程や、専門学校の職業実践専門課程、専門職大学院の課程など。

※いずれも、雇用保険に3年以上加入していた人が被保険者でなくなった場合は、離職から1年以内なら対象者となる。

最後の「※」のところが、ちょっと気になるんですけど、3年以上勤めていたなら会社を

やめても1年以内であれば、教育訓練が受けられて給付金ももらえるんですか？

そうです。もうひとつ覚えておいてほしいことがあります。雇用保険の被保険者ではなくなった日（離職日の翌日）から1年間のうちに妊娠や出産、育児、病気、ケガなどが理由で教育訓練を始められないなら、ハローワークに「教育訓練給付適用対象期間延長申請書」を出しておくと、期間を延長できるようになりました。最大19年まで延長が可能。ということは離職後の1年と合計で最大20年が対象期間です。結婚して、妊娠や出産などで仕事をやめるときは延長の申請書を出してください。仕事に復帰するときに教育訓練を受けて、再就職に活かすことができます。

なんだか前向きな気持ちになってきました。私にも収入を増やせる可能性がある！　体が丈夫なことくらいしか特徴ないって思ってきたから。

丈夫な体や体力も、持っているもののひとつですよ。他にもコミュニケーション能力や性格などは仕事にも関係します。信用もありますね。頼まれた仕事を期日までにきちんと仕上げることを積み重ねてきたとか。今持っているものを活かして、収入アップを目指しま

しょう。

5年勤めたら正社員になれるってほんとですか？

どんどん改善されている、働く人のための法律

実は私、契約社員なんです。新卒で正社員になれなくて……。普通に仕事していれば更新してもらえるという条件で入社して、約束通り更新はしてもらっているけど、お給料は少ししか上がらない。正社員との差って理不尽ですよね……。

あっ、でもそう言えば先輩から、「5年勤めたら正社員になれるよ」って聞いたんですけど、これってどういうことですか？

「**無期転換ルール**」のことですね。必ず正社員になれるのではなく、期間を定めない「無期労働契約」に転換できる仕組みです。対象者は、契約期間に定めのある契約社員、パー

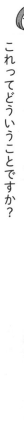

ト、アルバイトなどの有期労働契約の人。2013年に施行された「無期転換ルール」について確認しておきましょう。

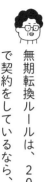

かいせつ

無期転換ルールとは

- 同じ使用者（企業）との間で、有期労働契約が更新されて通算5年を超えたときは、労働者の申し込みにより、期間の定めのない労働契約（無期労働契約）に転換できる。
- 2013年4月1日以降に開始した有期労働契約からカウントする
- 無期転換後の給与などの労働条件は、就業規則等で「別段の定め」がある部分を除き、直前の有期労働契約と同じとなる
- 申し込みがあれば、企業は拒否することができない。

※派遣社員の場合は、派遣先ではなく派遣会社（派遣元の企業）との契約が5年を超えたら派遣会社に対して無期転換の申し込みができる。

無期転換ルールは、2013年4月1日以降の有期労働契約が対象になるので、この時点で契約をしているなら、例えば1年更新の場合は2018年4月1日以降に申し込める権

利が発生します。ただし、自動的に無期転換されるわけではなく、本人からの申し込みが必要です。

自分で申し込まなきゃいけないんだ。労働条件は、同じ？　契約更新されなかったらどうしようという不安はなくなるけど、給料が増えて、待遇がよくなるわけじゃないんですね？

ここは会社ごとに違いが大きいんです。契約期間のみの変更で仕事の内容や処遇は変更しない転換、勤務地や職務などに制約がある正社員に転換、いわゆる正社員に転換などのパターンが考えられます。『就業規則等で「別段の定め」がある部分』がこれにあたります。今は正社員と一口に言っても、勤務地・職務・勤務時間が限定されていない従来のいわゆる正社員から、転勤のない勤務地限定正社員、特定の職務に従事する職務限定正社員など多様になってきています。無期転換した後の労働条件をどうするかは、各企業が就業規則等で定めることになります。制度が始まってまだ年数がたっていないので、準備中の企業もあるようです。

収入を増やしたいし、正社員にはなりたいけど、転勤はしたくない……。

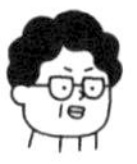
働く側にも、いろいろな考え、事情がありますからね。「無期転換ルール」は、労働契約法で定められています。様々な人が、それぞれの立場で働けるよう、立場によって不公平にならないよう、法律も改正が行われています。自分が持っている権利は、必要な時には行使したいですね。勤務先で、なにか説明がありましたか？

今のところ、まだ聞いていないと思います。

待っているんじゃなくて、自分から人事部に聞いてみたらどうですか？

そうします。もうひとつ知りたいことがあるんです。最近よく「同一労働同一賃金」という言葉を聞きますが、これはどういうことですか？

正社員と非正規雇用労働者（契約社員やアルバイト・パートなど）の間に、不合理な待遇差がある場合は解消が求められるというものです。基本給、ボーナス、各種手当が対象で、

同一なら同一でなければならない、違いがあれば違っていなければならない。

なんだかよくわからない……。

言葉の通りで単純に言ってしまえば、同じ仕事内容なら同じ賃金ということ。ガイドラインが法律で定められ、原則となる考え方が示されました。大企業では２０２０年４月から施行、中小企業では２０２１年４月からです。ただ、何をもって同じとするかは解釈が分かれたりして、裁判も起きています。

お給料が上がればいいなとは思っていたけど、そういう労働条件などのことはあまり考えたことがなかった。いろんなことが法律で決まっているんですね。

同一労働同一賃金は、基本給などの賃金のみならず、福利厚生や教育訓練も対象です。

うちの会社では、契約社員も仕事のための研修が受けられます。めんどくさいって思ってたけど、今度からまじめに参加しようっと。

日本の税金ってなんでこんなに高いんですか?

給与明細で確認、天引きされる税金と、節税の方法

ところで、毎月の給与明細はちゃんと見ていますか?

ただでさえ少ないお給料から、さらにいろいろ引かれているのを見るのが嫌で……切なくなるんであまり見ていません。見たらなんかいいことありますか?

税金の仕組みを知っていると、上手に節税できます。そのためには、給与明細を見てほしいんです。毎月の給与明細に記載されているのは大きく3つです。支給、控除、勤怠。支給は、基本給に残業代などの手当や、定期代を加えたものも。勤怠には、支給のもとになる、その月の勤務日数などがかかれています。控除は、何度か説明してきた社会保険の保険料、税金は所得税と住民税。支給から控除を引いたものが手取りですね。

なんとなくそれくらいならわかります。2割くらい引かれていますよね。

ざっくりどれくらい引かれるかというと、社会保険については一度説明しましたけど、給与を等級化した標準報酬月額に保険料率をかけた金額。一般的な職業の場合、健康保険、厚生年金、雇用保険の保険料率を合計すると40歳未満が14・45%、介護保険料も払う40歳以上では15・315%。毎月毎月計算するのは面倒なので、4月5月6月の3か月間の総支給額の平均額を標準報酬月額にあてはめて計算します。

ってことは、残業代や定期代も入るんです

表8　給与明細の主な記載事項

支給	基本給＋各種手当（時間外労働・通勤費など）＝総支給額
控除	社会保険料（健康保険・厚生年金保険・介護保険〈40歳以上〉・雇用保険）＋所得税＋住民税＝総控除額
勤怠	労働日数、欠勤日数など

か？

そうです。だから、この3か月間に残業が多い人や定期代が高い人は社会保険料が高くなります。その代わり、将来の厚生年金は増えますけどね。社会保険料はざっくり総支給額の15％程度と覚えてください。

税金はどうやって計算するんですか？

税金は、社会保険料のように総支給額に税率を直接かけるのではありません。その前に総支給額からいろいろ引ける仕組みです。定期代は非課税なので引けるし、約15％払う社会保険料も引くことができます。給与から天引きで納める税金は所得税と住民税です。所得税を毎月正確に計算するのは大変なので、国税庁が公表している税額表を使って仮に計算したものが引かれています。毎月はそうしておいて、年末にきちんと精算する仕組みで、年末調整の書類を出すのはそのためです。払い過ぎていた所得税があれば12月の給与と一緒に戻ってきますよね。逆に足りないときは12月の給与から天引きされます。一方、住民税は前年度の所得をもとに計算する仕組みで、住んでいる自治体から勤務先に税額が通知

され、勤務先が給与から天引きします。何が言いたいかというと、所得税も住民税も総支給額からあれこれ引いて出した「課税所得」に税率をかけて計算するということです。税率は所得税が、課税所得に応じて５％～45％。課税所得が多い人ほど税率が高くなります。住民税は一律、課税所得の10％に約５０００円の均等割りを足したものです。

なんか複雑……、で？

税金の方は、課税所得によるから一律にこれくらいとは言えないけど、社会保険料と税金を合わせると20％か、所得が多い人はそれ以上も天引きされることになります。

これって、どうにもならないんですよね？

いえいえ、引けるものは引いて、課税所得を下げれば、所得税も住民税も安くなります。税金の計算のときに引くことができる控除はいろいろありますが、いくつか挙げてみました。

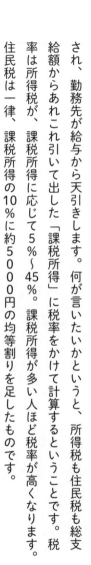

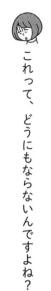

表9　税金が安くなる控除の例

雑損控除	災害などで住宅や家財に損害を受けたら一定額を控除できる
医療費控除	1年間で10万円以上の医療費を払ったら、10万円を超える分を控除できる
社会保険料控除＊	社会保険料の全額を控除できる。給与天引き以外で払ったときは年末調整や確定申告で控除する
扶養控除＊	所得が一定額以下の親族を扶養していると控除できる。年齢や同居しているかどうかで控除額が異なる
生命保険料控除＊	生命保険、介護医療保険、個人年金保険に加入して保険料を払っていると一定額まで控除できる。
地震保険料控除＊	地震保険に加入していると、最高5万円を控除できる
寄付金控除	特定の団体に寄付をすると、一定額まで控除できる
小規模企業共済等掛金控除＊	小規模企業共済やiDeCo（個人型確定拠出年金）に加入していると、掛け金の全額を控除できる

給与明細でもわかるとおり、毎月の給与から引いてもらえるのは社会保険料です。それ以外は年末調整や確定申告で控除します。表の控除のうち＊が付いているのは、年末調整の際に支払い金額を証明する書類を添付して控除できます。＊がついていないものは確定申告が必要です。年末調整で控除できるものでも、忘れてしまった時には確定申告をすることで控除できます。国民年金保険料の免除を受けていた人などが追納したら、その分を社会保険料控除できますよ。

私の場合、控除できるものはありますか？　確定申告はしたことがないし、大変そうだから、年末調整でできると嬉しいんだけど。家族いなくて1人だし、医療費もかかっていないし、保険も入っていないから、何もないかな……。

今は元気だけど病気やケガで入院したとか、将来、子どもができて生命保険に入ったとか、家を買って地震保険に入ったなどのときは、覚えておいて控除して節税してくださいね。確定申告も、ネット上で案内に沿って入力できるなど便利になってきています。億劫がらずにチャレンジしましょう。すぐに使えそうなのは、「小規模企業共済等掛金控除」かな？

ずいぶん長い名前の控除ですけど、なんですか？

ｉＤｅＣｏって聞いたことはありませんか？

イデコ？　ＣＭとかでも聞いたことあります……。

老後の年金を準備できる制度で、この掛金を控除できるので節税になるんです。

そういえばイデコって、投資の一種じゃないんですか？　私、投資はあんまりやりたくなくて……。

ｉＤｅＣｏは、投資もできるし、投資せずに定期預金での積立もできます。せっかくｉＤｅＣｏを始めるのなら投資しないのはもったいないけど、定期預金でスタートして、そのままでも、途中から投資することもできますよ。ｉＤｅＣｏの仕組みを知っておいて損はないので、説明しましょう。

投資といわれても、絶対損はしたくない。

iDeCoなら、投資しなくてもお得！

年金の話をした時、老後資金を貯めるのにお得な口座があると言いました。あれがiDeCoです。確定拠出年金は知っていますか？　確定拠出年金には、企業型と個人型があり、個人型の通称がiDeCoなんです。

年配の社員の人たちはよく年金の話をしてるけど、私には見当がつきません。

国の年金の種類や仕組みは先ほど説明しましたよね。その時、国の年金だけで暮らしていけるか不安だと言ってたでしょう。国の年金に上乗せできる私的年金ともいえる制度が何種類かあります。確定拠出年金もそのひとつ。企業型は会社が導入して掛金も原則会社が払います。社員は退職後にこれを企業年金として受け取ります。勤務先に企業年金制度が

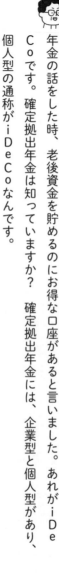

ない会社員や、あってももっと自分で私的年金を増やしたい会社員、公務員、自営業者、主婦などが**自分の意思で入り、自分のお金から掛金を払って、老後に年金として受け取るのが個人型のiDeCoです。**

企業型と個人型の両方に入っている人もいるんですか？

一部の人をのぞき、入ろうと思えば両方入れます。確定拠出年金は2001年に始まった比較的新しい年金制度で、当初はどちらかしか入れませんでした。その後、何度か制度改正があり、iDeCoに入れる人の範囲が広がってきました。ただし、企業型に入れるなら、企業型を使った方が手数料の点で有利です。あとで説明しますが、確定拠出年金には手数料がかかるんです。2022年にまたいくつかの改正が行われます。

私はどうしたらいいの？

企業型は加入できる社員の範囲を定めていて、契約社員などは入れない会社が多いようです。勤務先が企業型を導入していたとしても加入していないと思われるので、iDeCo

に入れるはずです。前置きが長くなりましたが、iDeCoの仕組みを解説します。

かいせつ　iDeCo＝個人型確定拠出年金の仕組み

- **加入できる人**……公的年金制度に加入する20歳以上60歳未満の人。
- **掛金**……月5000円以上1000円単位で上限額まで。上限額は立場により異なる（表参照）。
- **受け取れる年齢**……60歳以降70歳までの間で受け取りを開始する。
- **受け取り方**……年金受取または一括受取。金融機関によっては年金受取と一括受取の併用もできる。
- **税金の優遇**……掛金は全額を小規模企業共済等掛金控除にできる。利益にかかる税金は非課税。受取時は、年金受取なら公的年金と同じ扱い、一括受取なら退職金と同じ扱い。
- **申込先**……iDeCoを取り扱う金融機関（運営管理機関）

※2022年5月からは60歳以上65歳未満の国民年金の任意加入者や厚生年金加入者もiDeCoに入れる。

私は会社員で企業年金がないから、月あたりの上限額は2万3000円ですね？　そんなに払えるかなあ。

上限額いっぱいでなくても、5000円以上1000円単位で出せる金額でかまいませんよ。最低金額である月5000円、年間6万円を掛けたときの節税効果を紹介します。節税額の目安は、所得税と住民税の税率を合計して、年間の掛金に掛け算した金額。収入から考えて所得税率は5%、住民税は一律10%なので合計は15%。6万円に15%を掛けると、9000円。**1年あたり9000円の節税になります。10年では9万円。30年では27万円。**

iDeCoは60歳まで加入するので、加入期間が長くなるほど節税効果は高くなります。

表10　iDeCoの掛金の上限額

<table>
<tr><td rowspan="3">会社員
（厚生年金に加入）</td><td>企業年金がない</td><td>月額2万3000円
（年額27万6000円）</td></tr>
<tr><td>企業型確定拠出年金がある</td><td>月額2万円
（年額24万円）</td></tr>
<tr><td>確定給付型*の企業年金がある</td><td rowspan="2">月額12000円
（年額14万4000円）</td></tr>
<tr><td colspan="2">公務員（厚生年金に加入）</td></tr>
<tr><td colspan="2">自営業者や学生など（国民年金に加入）</td><td>月額6万8000円
（年額81万6000円）</td></tr>
<tr><td colspan="2">会社員や公務員の配偶者に扶養されている主婦（夫）
（国民年金第３号被保険者）</td><td>月額2万3000円
（年額27万6000円）</td></tr>
</table>

*確定給付型とは、あらかじめ受取額が定まっている企業年金のこと

その分の税金が戻ってくるんですか？

はい。年末調整をすることで、所得税は12月の給与と一緒に還付、住民税は翌年の住民税が安くなります。

掛金を倍の月１万円にしたら、戻ってくる税金も2倍ですか？

目安はそうです。上限額いっぱいの月２万３０００円をかけたら年間では27万６０００円だから、節税効果は税率15％なら１年で４万１４００円、10年で41万４０００円、30年では１２４万２０００円です。ｉＤｅＣｏの掛金を控除することで得られる節税効果は、掛金が多いほど、所得税率が高いほど、加入期間が長いほど大きくなります。ただ、さっき紹介した通り、控除は複数あるので、他の控除も使う場合は、注意が必要です。戻ってくるのはあくまで払った税金の範囲。複数の控除を使うことで計算上の節税金額が多くなっても、実際に払っていない税金は戻ってきません。

利益にかかる税金も非課税なんですか？

そうです。普通なら定期預金の利子や投資で増えた利益には20・315％の所得税と住民税がかかりますが、iDeCoはかかりません。だから、投資がうまくいってお金が増えたときはとても有利です。受取時は、年金受取なら公的年金と同じ、一括受取なら退職金と同じ扱いです。

受け取りは60歳以降なので、あまりに先過ぎて実感がわきません。

そうですよね。それに毎年税制改正があるので、あなたが受け取る時には今とは税制が違っているかもしれません。まずは目の前の毎年の節税効果と、利益が非課税である点がメリットです。受取時は、勤務先からの退職給付が少ない人の方が税金面で有利になりやすい、つまり退職金がないか少ない契約社員には有利と思っていいです。これからは、税制改正のニュースも、気にしてください。

正社員になったり、転職したりしたときはどうすればいいですか？　子どもが生まれて仕

事をやめるかもしれないし……。

立場が変わっても、掛金の上限額の表のどれかに当てはまりますよね。当てはまる立場で60歳までｉＤｅＣｏに入り続けることができます。ただし、さっき一度言いましたが、正社員になったり、転職先に企業型があったりで企業型に入れるなら、それまでに貯まっている分を企業型に移して、そちらで続けた方が手数料の面でお得。立場が変わったときは、企業型と個人型の間で掛金を移して持ち運べるポータビリティも確定拠出年金の特徴です。

手数料のことをまだ聞いていませんでした。

確定拠出年金は、加入者が１人１人自分で掛金を運用するので管理の手間がかかり、そのための手数料がかかります。企業型は通常会社で手数料を持ってくれるので自分で払わなくていい、個人型は手数料も自分持ちで掛金から差し引かれます。加入時に約３０００円、加入後は金融機関により毎月２００円弱から５００円程度。ただし、ほとんどの場合、節税効果で相殺されてなお節税効果の方が上回ります。

ｉＤｅＣｏに入るんだったら、必ず控除しないといけませんね。

年末調整のときに、掛金の証明書を添えて、小規模企業共済等掛金控除に記入することを忘れないように。あと、メンテナンスもしてください。これから60歳までは長いので、途中でいろいろなことが起きるでしょう。**ｉＤｅＣｏの掛金は５０００円以上１０００円単位で、それぞれの立場ごとの上限額までですが、１年に一度は掛金額の変更ができます。**老後資金以外にも、貯めなきゃいけないお金があります。結婚して子どもが生まれて家計のやりくりが大変な時、住宅の頭金などほかの貯金を優先させたいときはｉＤｅＣｏの掛金は最低額の月５０００円まで下げる、逆に余裕がある時は増やすなどの調整をしながら付き合っていきましょう。

ｉＤｅＣｏを途中でやめることはできないんですか？

脱退の条件は厳しいので、一度入ったら60歳まで続けるつもりでいてください。注意点は、60代までは引き出せないこと。老後資金を準備するための年金だからです。だからこそ老後資金が確実に準備できます。

具体的な始め方と、投資のことを教えてください。

iDeCoを取り扱う金融機関（運営管理機関）はたくさんあります。まずは、どの金融機関にするかを選ぶところから。候補としては、今使っている銀行がiDeCoを扱っているなら、そこでいいと思います。申込書をもらって記入して郵送。会社員の場合は、現時点では勤務先からも申込書類にハンコ（事業主証明）をもらうことになっています。その後、指定した銀行口座から掛金の引き落としが始まります。申し込みにはちょっと手間がかかりますが、将来は勤務先のハンコが不要になるなど、もっと簡単になりそうです。

投資しなくても定期預金でもいいって、言ってましたよね。

どんな金融商品を使えるかは、選んだ金融機関によって違ってきます。ただし、品揃えにはパターンがあって、大きく分けると定期預金と投資信託の2種類。定期預金を選べば、金利は低いけど値下がりして損をすることもありません。そして、掛金の所得控除による節税効果を金利に換算すると、さっき紹介した通り、一番所得税率が低い場合で15%です

から悪くないどころか、けっこうすごいです。所得税率が上がればもっと高くなります。手数料は考慮していないので、手数料を引くとこれよりは下がりますけど。

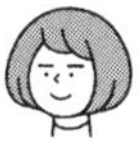

なら定期預金にしようかな。

iDeCoは、毎月の掛金で何を買うか、いつでも変更できます。定期預金で始めて、途中から投資信託にしてもいい。複数の金融商品を組み合わせることもできます。例えば、掛金の70％を定期預金、残り30％を投資信託など。１％単位で指定できます。そして、いつでも、何をいくらもっているかを、ネットの専用ページで時価で確認できます。まずは始めてみて、投資は勉強しながら、できそうなら取り組めばいいのでは？　まだ時間がありますから。

そういってもらえると、ちょっと気が楽になります。節税と老後資金の準備のために始めてみようかな。

投資ってしなきゃダメなんですか？

つみたてNISAで超保守的な投資を始めてみよう

私、貯金もないし、絶対に損はしたくないんです。でも最近よく投資のことが話題になりますよね。投資ってやっぱりしなきゃダメなんですか？　投資のことよくわからないんです。

投資するかどうかは自分で決めること。イヤならしなくてかまいません。でも、損したくないから投資はしないというのは、少し違うかもしれません。質問です。今10万円もっています。10年後もこの10万円は10万円でした。得してますか？　損してますか？

10万円のままなんですよね？　増えても減ってもいないから、得も損もしていない、少なくとも損はしてません。

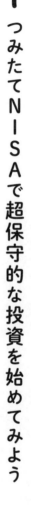

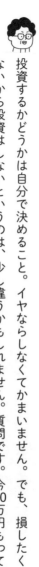

実はそうとは言い切れないんです。今よりモノの値段＝物価が上がっていれば損だし、物価が下がっていれば得になります。

えー、どうして？

今10万円で買えるモノが11万円になっていたら、10万円持っていても買えませんよね。モノの値段＝物価に対してお金の価値が下がっているということです。10万円のままでは損したのと同じことです。逆に物価が下がって9万円になっていたら、1万円の余裕があります。物価に対してお金の価値が上がっているので、10万円のままなのに得しています。お金の価値は、数字に変化がなくても、交換できるモノやサービスとの比較で損得が変わってきます。

わかるような気もするけど。

要するに物価が上がるようなときには、お金もそれに合わせて増やしておきたいってこと

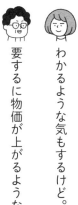

です。モノの値段が11万円になったとき、お金も10％増えて11万円になっていれば、買うことができます。企業が発行する株式は、景気が良いときには上がりやすく、そういう時は物価も上がりやすいんです。お金を何倍にも大きく増やしたいと思って投資する人ももちろんいますけど、**投資の目的のひとつは自分のお金を最低限でも物価上昇と同じ程度に増やすことで損をしないことなんです。**

損しないために投資をするわけですか？

大きく儲けるというよりも、損しないための投資。それにはコツがあります。**個別の株式は買わない。**価格変動が大きいからです。その代わり、**複数の株式を組み入れた投資信託を使います。その際、日本の株だけではなく外国の株にも投資をします。**

外国の株？　ホントに損しないんですか？

日本の株が下がっているときにも、外国の株は上がっているかもしれないし、また、為替が円安なら、外国の株の値段に変化がなくても円建てでは値上がりするので利益が出るん

です。

？？

要するに、違う動き方をしそうなものを組み合わせることで、全体での価格変動の幅をなるべく小さくして、なおかつ値上がりを目指すわけです。こういう投資の方法に向いているのが「つみたてNISA」です。しかも利益にかかる税金が非課税になります。

「つみたて」って名前だから、当然積立てるんですね？

積立て形式で、投資信託を毎月一定の金額で買っていきます。これにより、さらに損しにくくなります。投資信託は通常1口1円、1万口単位で運用が始まり、投資信託の価格は1万口単位でついています。投資信託は複数の株式のパッケージなので、個別の株式よりも価格変動が小さくなるとは言え、価格は上がったり下がったりしています。それを一定の金額で買うので、高いときは量＝口数を少なく、安い時は量＝口数を多く買えます。一度に買わずに何度かに分けて買うことで、買い付け価格が平均化され、なおかつ定額で買

うことで平均購入単価が下がりやすくなるんです。言葉で説明を聞いてもわかりにくいですよね。投資は、値下がりしても困らない程度の少額で、とにかく実際にしてみるのが一番。実感できます。

でも、その上がったり下がったりが怖いんです。

どんな時に上がって、どんな時に下がるのか、投資信託を持っていると、自然とニュースを見たりします。自分のお金だから、気になって当然ですね。価格は上がったり下がったりしますが、それは評価額であって、実際に売らない限りは得も損も確定しません。貯金がないと、急にお金が必要になったとき、運悪く下がっていると、損をして売ることになります。だから、投資を始める前には、最初にも生活費の3か月分程度の貯金は持っておきたいと言いましたが、ある程度の貯金が必要です。

積立定期預金を申し込んで先取りでお金を貯める方法を教えてもらったとき、毎月の積立の一部を投資信託でする話がありましたよね。それにつみたてＮＩＳＡは使えますか？

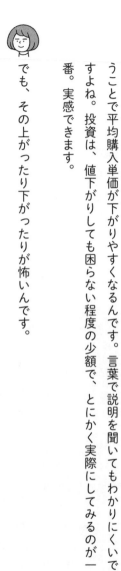

使えます。つみたてＮＩＳＡは年間40万円まで。毎月積立てるとすると月あたりは3万円ちょっとです。この範囲でできます。ではここで「つみたてＮＩＳＡ」の仕組みをまとめておきましょう。

かいせつ　つみたてＮＩＳＡ

- **利用できる人**……日本に住む20歳以上の人が、１人１口座開設できる。
- **利用できる商品**……対象の投資信託から選ぶ（約１８０本）。金融機関によりラインナップは異なる
- **口座が開設できる期間**……２０３７年まで（さらに5年延長予定）
- **税金の優遇**……保有から売却までの利益にかかる税金（所得税・住民税）が非課税。最長20年間。
- **投資できる金額**……年間40万円まで
- **投資の方法**……ＮＩＳＡ口座を開設した金融機関が取り扱う投資信託から選んで、定額で積立て購入する。積立の頻度は、毎月が一般的。
- **申込先**……つみたてＮＩＳＡを取り扱う金融機関（銀行や証券会社）

つみたてＮＩＳＡの特徴は、利益にかかる税金が非課税になることに加えて、対象の投資信託があることです。過去の運用実績や手数料の水準などを考慮して、一定の基準を満たすものが選ばれています。初めて投資をするなら、「つみたてＮＩＳＡ」を使うのがおすすめ。もうひとつ、最長で20年まで非課税ですが、**売りたいときはいつでも売れるので、値上がり益を確定したいとか、お金が必要な時は売っていいでしょう。**60歳までは引き出せないｉＤｅＣｏと一番違うのがここです。

対象の投資信託が１８０本！　ここから選ぶのも私には大変です。選び方があれば教えてほしいです。

バランス型と書いてあるタイプは、日本と外国の株式と債券などに分散して投資をします。さらに**4指数**とか**4資産**となっているなら株式と債券のオーソドックスな投資です。かつ、**安定型**と入っていたら、株式の比率は少なめになっていますから、これらを目安に選べば、投資としてはかなり保守的で安定的な運用になります。つみたてＮＩＳＡを取り扱う金融機関はたくさんあるので、銀行や証券会社などのサイトをのぞいて情報収集から始めてみて。ＮＩＳＡの正式名称は「少額投資非課税制度」です。１回あたりは少額でもコツコツ

と積み重ねて、値上がりも期待できます。

口座が開設できる期間は決まっているんですね？

期間限定で税金が優遇される投資口座です。２０３７年までですから、だんだんお金が貯まって、投資ができるタイミングがきたら、口座を作って利用したいですね。

結局、どうやったらお金のことを考えずに暮らせるようになるんですか？

仕組みを作ってしまえば、後はメンテナンスでＯＫ！

お金のことを忘れて、楽しく笑って暮らしたいけど、今の私には難しそう。お金のことで知らなきゃいけないことが、たくさんあるんだなーと思いました。

お金が足りなくて困っているときほど、お金のことを考えてしまいますよね。何とか工面しなければいけないから。頭の中をお金のことばかりがぐるぐる回っている。考えていないつもりのときでも、頭の隅にはお金の心配事が存在しています。でも、収支が取れるようお金の使い方を考えて、積立定期預金を申し込む、iDeCoやつみたてNISAを申し込むなど、貯まる仕組みを作ってしまえば、あとは手元のお金でやりくりすることを守るだけで普段は忘れていても問題は起きません。結婚や出産、休職や復職、住宅購入などで収支や貯金の残高に変化があったときは、それに合わせて、お金の使い方、積立額などの調整をすればいいのです。

いざというときのための生活費3か月分のお金が貯まって、教育資金や老後資金などの目的で貯めるお金も、仕組みのおかげで順調に積み上がっているなら、お金のことで悩んで考える時間は自然と減っていきます。考えるとすれば、その内容は、もっと積極的にお金を使ったり活かしたり増やしたりすることに変わっていくでしょう。**知識をつけて、いったん仕組みを作ってしまえば、あとはメンテナンスで大丈夫。お金のことを忘れて、楽しく過ごしましょう。**

著者略歴

坂本綾子（さかもと・あやこ）

ファイナンシャルプランナー（日本FP協会認定CFP〈R〉）
熊本県生まれ。明治大学文学部卒業。20代は貯めては使ってしまう貯蓄リバウンドを繰り返していたが、29歳の時、女性誌の編集長命令で生命保険の記事を担当したことをきっかけに、マネーライターとして生活者向けマネー記事を取材・執筆するようになり、自らも実践。1999年ファイナンシャルプランナー資格を取得。2008年より情報サイト「オールアバウト」マネーガイドとして「預金・貯金」「銀行・郵便局」などの記事を執筆。2010年より独立した立場のFPとして活動を始め、家計相談やセミナー講師も行なっている。著書に『今さら聞けないお金の超基本』(朝日新聞出版)、『まだ間に合う！ 50歳からのお金の基本』（エムディエヌコーポレーション）など。

年収《ねんしゅう》200万《まん》円《えん》の私《わたし》でも
心《こころ》おだやかに毎日《まいにち》暮《く》らせる
お金《かね》の貯《た》め方《かた》を教《おし》えてください！

2021年2月22日　初版第1刷発行

著　者　坂本 綾子
発行者　小川 淳
発行所　SBクリエイティブ株式会社
〒106-0032　東京都港区六本木2-4-5
電話：03-5549-1201（営業部）
装　丁　西垂水 敦・市川 さつき（kkran）
本文デザイン・DTP　荒木 香樹
イラスト　高田 真弓
著者エージェント　アップルシード・エージェンシー
編集担当　長谷川 諒（SBクリエイティブ）
印刷・製本　中央精版印刷株式会社

本書をお読みになったご意見・ご感想を
下記URL、QRコードよりお寄せください。
https://isbn2.sbcr.jp/09146/

ISBN978-4-8156-0914-6